10 RESPOSTAS
que vão mudar sua vida

Pe. Reginaldo Manzotti

10 Respostas *que vão mudar sua vida*

Histórias reais para
inspirar você a
superar obstáculos
e manter a fé

petra

CIP-Brasil. Catalogação na fonte.
Sindicato Nacional dos Editores de Livros, RJ.

M253d Manzotti, Reginaldo, 1969-
10 respostas que vão mudar sua vida: histórias de inspiração para superar obstáculos e manter a fé / Reginaldo Manzotti. – [5. ed.]. – Rio de Janeiro: Petra, 2016.

ISBN 978858278049-7

1. Vida espiritual – Igreja católica. 2. Conduta. 3. Técnicas de autoajuda. I. Título.

CDD: 232.91
M253d CDU: 232.931

Petra Editora
Rua Nova Jerusalém, 345 - Bonsucesso - 21042-235
Rio de Janeiro - RJ - Brasil
Tel.: (21) 3882-8200 - Fax: (21)3882-8212/8313

Dedico este trabalho catequético a todos os que, sinceramente, querem encontrar Deus e servi-Lo com coerência e reta vontade.

De modo particular, dedico-o a todos da família Evangelizar É Preciso, os quais ajudam efetivamente nesta missão.

AGRADECIMENTOS

A Deus, que me chamou à vida sacerdotal.

A Nossa Senhora, que sempre me guarda sob seu manto materno.

À Igreja, que me fez sacerdote em 1995.

Ao Arcebispo de Curitiba, Dom Moacyr José Vitti, que confia e me apoia nesta obra evangelizadora.

Aos meus irmãos no sacerdócio, que me acolhem em suas comunidades paroquiais.

Aos que me formaram, educaram e ensinaram na vida e no desenvolvimento intelectual. A todos os ouvintes, telespectadores e associados que muito me enriquecem compartilhando suas histórias marcadas por inquietações e testemunhos.

À equipe de colaboradores que foi imprescindível na elaboração desta obra: Cleusa do Pilar Sieiro, Fernanda de Andrade, Alexandre José Tormena e Marco Polo Henriques.

Ao Frei Clodovis Boff, que, prontamente, aceitou ser o censor teológico e por quem tenho grande admiração.

A você, querido leitor ou querida leitora, que, ao adquirir este livro, está ajudando a obra Evangelizar É Preciso.

SUMÁRIO

PREFÁCIO

Mais do que desejo, é preciso ter vontade para mudar

Quando este livro foi publicado, em 2010, lembro-me de ter feito questão de finalizá-lo chamando a atenção para aqueles momentos em que, cedo ou tarde, somos chamados a tomar uma decisão e para o risco de seguir pelo caminho mais fácil. Um razoável tempo se passou, e o problema persiste. Assim como os relatos que incluímos na primeira edição da obra, diariamente continuo acolhendo pessoas que compartilham todo tipo de desilusões, as quais provocam dores e sofrimentos cuja causa não é outra senão suas próprias escolhas.

Mas como fazer a escolha certa se já não conseguimos distinguir entre o que era nosso objetivo e o que se tornou um vício?

Costumo comparar esse estado a uma condição análoga à escravidão. A palavra é forte, mas não encontro outra para expressar tamanha falta de controle sobre a própria vida. São pessoas que se tornaram escravas de suas expectativas; dos olhares dos outros; dos sentimentos negativos, como a mágoa e a raiva; dos remédios para despertar e para dormir; e até de compulsões oportunistas, como comprar desmedidamente ou vivenciar uma sexualidade desregrada. Muitos são escravos do poder, do dinheiro e da própria carreira. Vangloriam-se de terem conseguido cumprir prazos e metas inalcançáveis, mas não dispõem de tempo para acompanhar o filho dar o primeiro passo.

Felizmente, há quem se aperceba de que a emenda saiu pior do que o soneto e o bônus recebido, por maior que seja, não é suficiente para compensar tantas perdas. Contudo, permanecem oscilando entre um simples querer e o real empenho de mudar. Para avançar no caminho da transformação, a graça de Deus é imprescindível, mas, conforme também já alertávamos no texto de conclusão da presente obra, não se trata de ajustar essa graça ao nosso jeito de viver, e sim de moldá-lo à verdadeira vontade de Deus. Esta é pura e cristalina, porque Deus é o Sumo Bem e pretende para nós um caminho de santidade; já a nossa própria vontade precisa ser muito exercitada e fortalecida, como o trabalho de burilar uma pedra bruta, até que a mudança finalmente ocorra.

O nosso grande desafio é justamente aprender a distinguir entre vontade e desejo. Muitos pensam que se trata da mesma coisa, mas não é. E enquanto não compreendermos a diferença, não conseguiremos agir de forma mais equilibrada e livre.

O desejo está frequentemente ligado aos nossos sentimentos e emoções. É o "apetite" da alma, de origem não racional. Por isso, quase sempre o desejo é imediatista, casual, instável e não passa apenas de um almejar. Muitas vezes, pode dar vazão a caprichos e fantasias inatingíveis. Para piorar, a todo momento somos instigados por esses apetites, sejam eles bons ou maus. E não podemos subestimar a força de um desejo. Esta pode ser tão grande a ponto de nos levar a ambições desmedidas, ao egoísmo e aos vícios de conduta, que são os sete pecados capitais.

Já a vontade é um apetite racional, controlada pelo pensamento e, portanto, ligada aos preceitos da lógica e da razão. É a faculdade interior do ser humano, que *determina o ato de realizar ou não realizar alguma coisa*. A vontade pode sobrepor-se ao desejo e refreá-lo, especialmente o mau desejo, e também ajuda na superação dos vícios. Para Santo Agostinho, a característica fundamental da vontade é a liberdade. E, segundo ele, é a liberdade que leva a fazer o bem: "Não pode o homem se voltar para o bem a não ser livremente." Sendo assim, quanto mais conseguimos negar os maus desejos e decidir por realizar o bem, mais livre será a nossa vontade. Ainda para Santo Agostinho, a escolha digna de reprovação é considerada pecado.

O Apóstolo Paulo, por sua vez, assume corajosamente a fraqueza humana na sua tendência ao pecado e, arrisco dizer, apresenta uma explicação sobre como o conflito entre desejo e vontade interfere decisivamente em nosso agir: "Eu sei que o bem não mora em mim, isto é, na minha carne. Pois o querer o bem está ao meu alcance, não porém o praticá-lo. Com efeito, não faço o bem que quero, mas pratico o mal que não quero. Ora, se eu faço o que não quero, já não sou eu que estou agindo, e sim o pecado que habita em mim. Assim, encontro em mim esta lei: quando quero fazer o bem, acabo encontrando o mal. No meu íntimo, eu amo a lei de Deus; mas percebo em meus membros outra lei que luta contra a lei da minha razão e que me torna escravo da lei do pecado que está nos meus membros" (Rm 7,18-23).

De fato, muitas vezes nós nos deparamos com pessoas cheias de boas intenções. Elas têm o desejo de ajudar os outros, executar bem algum trabalho ou fazer algo positivo por si mesmas, como largar o cigarro, parar de jogar etc. Ocorre que esses são os seus desejos, mas e quanto à vontade de realizá-los? Só desejar não basta; há que se ter vontade para colocá-los em prática. A vontade exige tomada de decisão, persistência e responsabilidade.

Esta é uma reflexão que você deve levar muito além das páginas iniciais deste livro, para toda a vida. Certamente, todos nós sofremos reveses, e há que se tomar cuidado para não nos transformarmos em pessoas desiludidas, solitárias, com problemas nos relacionamentos, uma espécie de caixas ambulantes de mágoas e vícios. Por outro lado, ainda que não possamos mudar o que nos tornamos, na graça de Deus podemos mudar o que fazemos. Então, finalmente, a "bola de neve" pode parar de rolar ladeira abaixo e deixamos de lado o "eu sou assim" para dar mais espaço à nossa vontade racional e livre, que nos permite fazer as escolhas certas. Não por acaso, costumo me referir aos fracassos como algo semelhante a uma enfermidade da vontade.

Vale lembrar que, ao fazermos escolhas, obrigatoriamente temos de dizer "não" para muitas coisas. O desafio é ainda maior quando é preciso fazer essa renúncia em nome de algo que nem sequer sabemos se vai dar certo. Nesses momentos, mais do que nunca é preciso recorrer a Deus pedindo luz e discernimento. Mas não nos iludamos. Essa batalha é exclusivamente nossa. Deus nos dá a chance de exercermos plenamente nossa liberdade de escolha (vontade racional), e não há nenhum mistério nisso; porém, jamais podemos responsabilizá-Lo pelo mal que nós mesmos provocamos. Deus só quer o nosso bem, e cabe a nós assumirmos as consequências dos nossos atos.

As respostas deste livro continuam atuais e, agora, ainda mais elucidativas, graças ao entendimento de que para mudanças não basta ter desejo, e sim vontade, com a mesma força da fé, para concretizar nossas aspirações.

Santo Agostinho

nos ensina que

“quanto mais conhecemos,

mais amamos”.

Introdução

Vivemos uma época na qual a globalização e as novas tecnologias nos proporcionam informações abundantes e em tempo real. A "geração Google" obtém resenhas, histórias e pesquisas prontas com apenas um clique do mouse. Informações sobre tudo e todos em frações de segundos.

Creio, porém, ser importante refletir que estar munido de informações não significa, necessariamente, ter maturidade afetiva e espiritual para vivenciá-las e internalizá-las. Um segundo desafio consiste na credibilidade e na veracidade das informações oferecidas. Não por acaso, Nosso Senhor Jesus Cristo foi indagado por Pilatos: "O que é a Verdade?" (Jo 18,38). Em outra ocasião, Ele afirmou: "A Verdade vos libertará" (Jo 8,32).

Como fruto da obra Evangelizar é Preciso, estou, diariamente, por meio do rádio, da TV e dos jornais, em contato direto com pessoas de todo o Brasil e de outros países. Com frequência, recebo e-mails com perguntas e questionamentos referentes à fé e sobre a melhor forma de buscar uma maneira cristã de conduzir a Vida com serenidade e paz interior.

É provável que este livro não "fale" com você ou não tenha sido escrito exatamente para você. Mas talvez ele toque o seu coração. Apenas peço que me dê o benefício da dúvida. Ao escrevê-lo, procurei dar dez respostas às perguntas mais frequentes e inquietantes. Outras, provavelmente, ficarão para obras futuras.

Ao responder a tais perguntas, você perceberá que me baseio principalmente na Bíblia Sagrada, no Catecismo da Igreja Católica e na vida dos santos. Com muita liberdade, uso os ensinamentos de nosso Mestre Jesus. Ora cito os capítulos e versículos, ora uso do direito à livre expressão, transbordando aquilo que ecoa de minhas leituras orantes, prática conhecida como Lectio Divina.

Como meu contato com os fiéis é muito direto, partilho casos reais e testemunhos de angústias e superações. Alerto que os nomes das pessoas foram omitidos ou, às vezes, foram trocados, por uma questão ética e de privacidade de quem partilhou sua história pessoal.

Este livro não pretende ser um tratado teológico, muito menos esgotar o assunto. Sua principal missão é oferecer respostas àqueles que enfrentam provações e buscam resolvê-las à luz da compreensão cristã católica da vida. Quem se interessar sobre determinado tema e quiser aprofundar seus conhecimentos poderá recorrer aos autores e às obras mais especializados indicados nas leituras recomendadas. Como somente a informação pela informação não leva a uma vivência, numa atitude de Catequese permanente, concluo cada capítulo com uma oração.

Que o estar orante na presença de Deus dissipe as sombras das inverdades e incredulidades e leve uma solidez até você, para que possa conhecer a "firmeza da doutrina em que foste instruído" (Lc 1,4).

Boa leitura e uma boa experiência de Deus.

As 10 Respostas

1

O que Deus uniu o homem não separa. Será?

* A psicóloga Ana Lúcia Spengler Tuma participou do programa *Fé em debate*, sobre conflitos matrimoniais, transmitido pela Rádio Evangelizar no dia 16/01/2010 e que deu origem a esse capítulo.

O casamento é uma ligação permanente de dedicação entre um homem e uma mulher, como revela a Palavra de Deus: "Por isso, o homem deixará seu pai e sua mãe e se unirá à sua mulher; e os dois formarão uma só carne! Assim, já não são dois, mas uma só carne. Portanto, não separe o homem o que Deus uniu" (Mt 19,5-6).

Todos sabemos, no entanto, que a vida entre quatro paredes não é cor-de-rosa. É difícil encontrar um casal que nunca tenha enfrentado conflitos, mas isso não quer dizer que o casamento esteja fadado a não dar certo. Tudo vai depender da maneira como se lida com os conflitos: se existe comunhão com Deus, eles serão resolvidos, porque Nosso Pai é o mentor da família; Ele a planejou e quer ajudá-la a se manter.

Basicamente, o principal conflito entre marido e mulher advém do fato de um não conseguir compreender o outro, afinal, apesar de serem considerados uma só carne pela Palavra de Deus (Mt 19,5-6), cada um tem seus próprios anseios e seu jeito de ser. Essas diferenças geram as brigas, que viciam e fazem perder o respeito, sendo necessário parar e refletir, procurando conectar cada atitude com a razão e o coração. O diálogo também é muito importante no casamento: é preciso conversar sobre os problemas, com maturidade e respeito, numa busca mútua por resolver a causa do conflito, e não simplesmente "colocar uma pedra sobre o assunto", como se nada estivesse acontecendo. Não existe nada mais perigoso para uma relação do que acumular situações malresolvidas. Com o tempo, elas se transformam em mágoas.

Sei que, muitas vezes, é mais fácil se abrir e expor seus sentimentos e dúvidas para uma pessoa de fora do que para alguém muito íntimo, que tende a ter uma visão parcial justamente por ser uma das partes envolvidas. Não é à toa que as linhas telefônicas do meu programa de rádio vivem congestionadas. As perguntas são muitas e vêm de toda parte, por isso selecionei aqui as mais recorrentes na esperança de que possam servir como diretriz para o seu caso.

Tenho consciência de que, ao falar sobre casamento, um padre corre alguns riscos. Um deles é assumir uma postura moralista e partir do princípio de que tudo é pecado. Contudo, isso seria um discurso inútil, que não mudaria nada e tampouco levaria à conversão, servindo apenas para aumentar o sentimento de culpa daqueles que sofrem com os conflitos da relação. Outro perigo é causar estranhamento nas pessoas e ter de ouvir respostas atravessadas, como: "É fácil para o senhor dar conselhos, porque é celibatário e não sabe o que é a realidade da vida conjugal."

Para esses que se apressam em criticar e até rejeitar minhas palavras, pergunto: Quando vamos ao médico, é necessário que ele tenha tido o mesmo problema de saúde para que aceitemos o tratamento? Se, por exemplo, estamos com caxumba, perguntamos ao médico se ele já teve essa doença para marcarmos a consulta? Tenho certeza que nenhuma mãe, em sã consciência, deixará de levar ao médico o filho que está com apendicite porque perguntou ao doutor e descobriu que ele nunca teve esse problema.

Da mesma forma, o fato de ser padre e não ter tido a experiência da vida conjugal não me desautoriza a colocar à luz de Deus o tema do casamento. Como sacerdote, posso me manifestar sobre esse assunto à luz do Senhor. Então, vamos às perguntas e respostas:

É possível perdoar uma traição?

Quando descobre que foi traída, a pessoa se sente trocada, desvalorizada, abalada em sua autoestima. Isso fere não apenas a imagem que ela tem do parceiro, mas, sobretudo, a de si mesma. Ainda assim, aproprio-me do que nos ensinou nosso Mestre quando disse: "Perdoai sempre!"

O perdão é o medicamento mais completo que existe: não tem nenhum efeito colateral, não faz mal e cura completamente. Quando uma pessoa consegue perdoar um erro que a outra cometeu por não ter consciência naquele momento, não está fazendo algo apenas por quem errou, mas por si mesma. Ela se cura.

Porém, não se pode perdoar e ignorar o fato de que algo estava errado naquele relacionamento, a ponto de levar o marido ou a esposa a uma traição. É necessário entender o que provocou essa traição. Por exemplo, há fatores que estão relacionados ao dia a dia do casal, enquanto outros são anteriores ao próprio casamento. Além disso, existem níveis de traição: existem pessoas que se envolvem superficialmente, "apenas uma transa e nada mais", como se costuma dizer; já outras vão mais fundo e iniciam um relacionamento extraconjugal.

Evidentemente, mesmo havendo diferentes graus de traição, não existe diferença de dor, ela é a mesma para quem teve sua confiança aviltada. Contudo, esse tipo de percepção faz toda a diferença, porque possibilita a quem foi traído estar melhor consigo mesmo e, portanto, perdoar, valendo até mesmo buscar a ajuda de um profissional, como um terapeuta de casais.

Não podemos ser ingênuos e acreditar que é fácil se manter fiel. E não me refiro apenas à fidelidade do ato sexual. Nosso Senhor Jesus disse, e no Antigo Testamento também está escrito: "Não cometa adultério, mas eu vos digo: aquele que olhar para uma mulher, ou para um homem, e desejar no seu coração já cometeu adultério" (Mt 5,28). Isso quer dizer que não é preciso chegar às vias de fato para haver a traição. O adultério já ocorreu lá atrás, quando houve a troca de olhares e se alimentou no coração o desejo. O ato sexual é somente consequência disso.

Por isso, sempre oriento, tanto aos homens quanto às mulheres casadas, para que, ao sentirem interesse por outra pessoa, cortem imediatamente o relacionamento com ela e não alimentem fantasias. Diz-nos o Livro dos Provérbios: "Por acaso, pode alguém levar fogo consigo sem que este fogo queime a própria roupa? Pode alguém caminhar sobre as brasas sem queimar os pés? Assim, quem se junta à mulher do próximo se queimará... Tolo é quem comete o adultério..." (Pr 6,27-28.32).

Se o perigo estiver no ambiente de trabalho, o ideal é procurar outro emprego, mas, se não for possível, a saída é evitar todas as formas de contato: apagar da agenda o endereço e o número do telefone e ignorar eventuais ligações dessa pessoa ou mensagens no celular. Agindo assim, é possível evitar um envolvimento.

Na pior das hipóteses, em que o leite já foi derramado, sou sempre a favor da concessão do perdão, mas nunca como forma de reforçar a atitude daquele que cometeu o adultério, e sim de dar-lhe uma segunda chance, considerando seu arrependimento e a consciência de que errou.

Se não estiver conseguindo aceitar a situação, recomendo novamente a procura de apoio psicológico e também espiritual, porque a dificuldade em perdoar significa que a dor está impedindo a manifestação, dentro de nós, da força de cura de Deus. Para que a ferida não anule essa força, peço sempre que a pessoa se olhe no espelho e diga em voz alta: "Tenho a dor, sim, mas também tenho a força de perdoar!"

O perdão é um dom da graça de Deus. Ele nunca se recusa em nos perdoar, sempre que pedimos o Seu perdão. Se aprendermos a sempre buscar o perdão de Deus, aprenderemos também a perdoar.

E, uma vez concedido o perdão, mesmo que não consiga esquecer, evite voltar a todo momento ao assunto, jogando na cara do outro o erro cometido sempre que surgir uma discussão. O perdão dado também implica o compromisso de um recomeço, o que significa ter atitudes capazes de restaurar a confiança, o respeito e o amor desgastado.

O ciúme pode ser uma demonstração de amor? Até que ponto isso é saudável?

Sim, pode ser, mas as pessoas fazem confusão entre amor maduro e apego.

No amor absoluto, o outro não é uma parte de nós, mas um ser humano completo a quem admiramos e respeitamos do jeito que é, sem dependermos de sua presença para tocarmos nossa própria vida. Já quem vive uma situação de apego age como se o marido ou a esposa — isso também vale para os casais de namorados — fosse uma muleta, alguém de quem necessita incessantemente para ter bem-estar e segurança no seu dia a dia. Justamente por isso, o apego é possessivo e pode trazer conflitos.

Os textos sagrados atestam essa diferença ao revelarem as motivações do ciúme desmedido: "Com efeito, enquanto houver entre vós ciúmes e contendas, não será porque sois carnais e procedeis de um modo totalmente humano?" (1Cor 3,3). "Onde houver ciúme e contenda, ali há também perturbação e toda espécie de vícios" (São Tiago 3,16).

Como exemplo, é possível citar aqueles comportamentos incômodos de brigar sempre que algum amigo ou alguma amiga se aproxima, dar incertas nos horários mais impróprios, procurar bilhetinhos na carteira ou mensagens no celular do outro. Atitudes como essas já denotam que a pessoa está precisando de ajuda para se sentir segura e confiante, mas não existe nada que o outro possa fazer para que o ciúme diminua, além de ser parceiro, estar perto e respeitar. Trata-se de uma conquista interna que a pessoa tem de buscar por ela mesma e, caso não consiga, não deve sentir vergonha de procurar a ajuda de um terapeuta.

Existe mesmo um processo de desinteresse no casamento? Isso é comum?

O comum não é necessariamente normal, mas a pessoa precisa levar em conta que, assim como tudo à nossa volta, o amor também se transforma com o tempo. A pessoa que somos hoje é diferente daquela de vinte anos antes. Então, é preciso estar sempre atento ao relacionamento, aos sonhos ATUAIS, e, principalmente, perceber onde estão os pontos em comum que fortalecem essa união.

Como fazer para que a atração, mais do que carnal, permaneça?

Para manter acesa a chama do casamento, é preciso ajustá-lo e fortalecê-lo constantemente, o que exige tempo, empenho, cooperação e zelo tanto do homem quanto da mulher. Em outras palavras, é preciso prestar atenção no outro. A maioria das pessoas pensa que quando o estado de paixão — aquele curto-circuito que dá no cérebro e não deixa pensar em outra coisa — diminui, o casamento esfria. Mas essa percepção está errada.

Foi a paixão que deu lugar ao amor, que é menos fogo, mas, em compensação, cria mais raízes e traz um respeito maior. E onde existe amor, tudo é possível de ser superado e melhorado, porque Deus é amor e o amor vem d'Ele.

Uma dica que sempre dou é não deixar que o relacionamento caia na rotina, inventando formas românticas de demonstrar afeto e atenção, como sair para ver o pôr do sol, tomar água de coco juntos, ir ao cinema assistir àquele filme que acabou de estrear. São programas simples que mantêm o dia a dia do casal no ritmo de um eterno namoro.

O amor suporta distância geográfica, como casais em que um fica e o outro vai para outro país estudar ou trabalhar?

O amor não tem prazo de validade nem limites geográficos. Claro que a pessoa que viaja e também aquela que fica acabam fazendo novas amizades, desenvolvendo novas relações, e a própria mente cria defesas para não entrar em contato com a dor da ausência, mas o amor verdadeiro ultrapassa quaisquer fronteiras e sobrevive.

Manter um relacionamento à distância é possível desde que o casal continue alimentando o seu amor e não deixe que o afastamento geográfico se transforme em afastamento emocional. Este, sim, é capaz de destruir o casamento.

"Dar um tempo na relação." Isso existe?

Quando uma pessoa diz que precisa de um tempo, na verdade ela está querendo dizer: "Estou perdida, preciso me encontrar." Isso significa que o problema é dela, não do relacionamento em si, e, provavelmente, deve ser o caso de buscar auxílio profissional. De qualquer forma, como parceiro e amigo, é dever daquele que escuta essa frase procurar dialogar e entender o que está ocorrendo, até para saber qual é a melhor forma de ajudar.

Quando se perde o respeito e se parte para a ignorância, é possível voltar atrás?

Quando Deus não está no lar, os problemas surgem de todos os lados e até uma simples "incompatibilidade de gênios" pode dar origem a uma tempestade sem proporções, resultando em violência verbal e física. Por isso, é preciso ter discernimento para entender o que está acontecendo e humildade suficiente para pedir perdão, o bálsamo que a tudo cura.

O casal deve esconder dos filhos os conflitos?

Não é possível esconder dos filhos, porque o mal-estar fica no ar e aquilo que não é falado, geralmente, cala mais fundo. Claro que há situações em que o casal precisa ter consciência e não envolver os filhos, mas o clima sempre será percebido.

O que fazer quando um não divide com o outro os problemas e se fecha em si mesmo?

Uma das reclamações mais frequentes, que escuto de casais é a falta de diálogo: "Padre, moramos na mesma casa, dormimos na mesma cama, fazemos sexo regularmente, mas não conseguimos dialogar. Como posso abrir uma brecha para o diálogo?"

Muitas vezes, as pessoas se fecham em suas próprias "ilhas" porque têm medo de se expor, dialogar, chegar perto do outro e admitir que precisam de ajuda. Aquele que percebe essa dificuldade no parceiro tem o dever de baixar a guarda e dar o primeiro passo, mostrando-lhe que só deseja entender o que está acontecendo e ajudar. E a melhor maneira de fazer isso é deixar que o outro fale primeiro, caso contrário ele vai recuar e se fechar novamente.

Por exemplo, em vez de dizer "Eu não aguento mais esse seu silêncio", deve-se arriscar algo como: "Estou percebendo que você está muito quieto e gostaria de te ajudar. Tem alguma coisa que eu possa fazer?"

A melhor maneira de fazer alguém se abrir é demonstrar interesse por sua situação. Evidentemente, há pessoas que têm uma personalidade mais fechada, e quanto mais racional e tímida uma pessoa é, maior é a sua dificuldade de falar; mas isso tem de ser trabalhado com o tempo, quem sabe com a ajuda de um terapeuta de confiança.

Como lidar com pais ou sogros que se intrometem na vida do casal?

Construindo um muro bem grande, porque o casamento necessita de maturidade. Mas, para cada pessoa que se intromete em nossas vidas, existe uma fresta por meio da qual permitimos essa intromissão. Se o papel do pai, da mãe, do sogro e da sogra nessa união está extrapolando os limites, é preciso verificar onde está essa fresta e fechá-la, lembrando que os outros só fazem algo conosco quando lhes damos a oportunidade para fazê-lo.

Como perceber até onde vai a liberdade de um e começa o direito do outro no casamento?

É difícil, partindo do princípio de que, com o casamento, duas pessoas se tornam uma só, mas esse limite deve ser dado por cada um, avaliando se a aproximação do outro está incomodando ou não. Tanto a mulher quanto o marido têm de viver em comunhão diária com Deus, para que no relacionamento entre eles prevaleça a paz e o respeito. Tendo isso como base, os demais "ajustes" são feitos à medida que os dois vão convivendo e se conhecendo cada vez mais.

A CHAVE DA FELICIDADE QUE SANTIFICA

Antes de mais nada, é preciso lembrar que Deus nos fez por completo e para o Bem. Mais precisamente, criou o "ser homem" e o "ser mulher", sendo que um completa o outro, conforme atesta o texto de 1 Coríntios 7,14: "O marido que não tem fé é santificado por uma mulher que tem; e a mulher que não tem fé é santificada pelo marido que tem." Exatamente por isso, a vida conjugal não deve ser enxergada como um problema e sim uma bênção.

Quando alguém casa, o pacto nupcial que foi constituído é uma aliança. Não aquele pedaço de metal, de ouro 18 quilates ou branco, que muitos costumam esquecer em algum canto ao lavar as mãos ou, propositalmente, colocam no bolso quando lhes convêm. A verdadeira aliança que o casamento estabelece é muito mais valiosa que qualquer joia e se encontra num patamar bem mais elevado, pois representa um pacto de coração, vida, confiança, solidariedade e salvação.

Há pouco tempo, no programa de rádio que apresento ao vivo, recebi o seguinte desabafo: "Padre, eu não aguento mais meu marido bêbado. Vou largá-lo."

Sem dúvida, essa é uma questão delicada, e só quem sente na pele o drama do alcoolismo em família (leia mais sobre isso no capítulo 5) sabe o que essa mulher está passando. Mas não posso deixar de alertar para o fato de que ela estará traindo os votos feitos perante Deus se largar seu marido. Quando se casou, assumiu o compromisso de amá-lo e respeitá-lo na alegria e na tristeza, na saúde e na doença — e o alcoolismo é uma doença. Portanto, abandoná-lo seria uma atitude extrema, tomada em último caso, quando tiver esgotado todos os recursos para salvá-lo.

O problema é que as pessoas se incomodam com a *situação*, mas não fazem nada pela *salvação*. Quando muito, fazem vista grossa, varrendo a "sujeira" para debaixo do tapete, como se o problema do outro não fosse, também, sua responsabilidade. Aqui, novamente, cabe lembrar o que está escrito em Coríntios, agora em português bem claro:

> *A primeira missão de uma esposa é saber santificar seu marido, assim como a primeira missão do marido é santificar sua esposa. Mesmo que ele ou ela não pratique a fé, o cônjuge pode, e deve, levar a santidade para dentro de casa. Isso se chama pacto de santidade.*

A esta altura, você deve estar perguntando: "Se a santificação do casamento é o caminho, como alcançá-la?"

Respondo sem rodeios: lutando contra as coisas erradas que existem no seu relacionamento. De cara, comece abolindo aquelas "conversas ardidas" entre quatro paredes — "Não suporto mais", "Você me tira do sério", "Pensei que tivesse me casado com alguém diferente" — que acabarão destruindo o casamento que já não vai bem. Infelizmente, é muito comum o marido ou a esposa chegar em casa com um alto nível de estresse e despejar todo o "entulho" que acumulou durante o dia em cima de quem está mais próximo. Isso está errado e não leva a lugar algum. Às vezes, a mulher até tem razão de chamar a atenção do marido que saiu do trabalho e, em vez de ir para casa, ficou bebendo no bar, mas logo a conversa esquenta e descamba para ofensas como: "Você é um pé de cana, sem-vergonha!" Pronto, estragou tudo.

Os desafios da convivência não são poucos, mas há pessoas que a dificultam ainda mais. Sabe aquela pimenta-malagueta? Pois é, tem gente que parece com ela, de tão ardida. No casamento, uma das piores situações ocorre quando um se torna a pimenta-malagueta do outro, criticando e colocando defeito em tudo o que o parceiro faz. As mulheres que me desculpem, não estou tirando a culpa dos homens, mas já soube de muitas esposas que, dentro de casa, são verdadeiras "jararacas" com seus companheiros. No fundo, escondem dentro de si gigantescos "poços de carência", mas eles, os maridos, obviamente, não entendem o que está acontecendo e pensam: "Casei com uma princesa e hoje vivo com uma bruxa."

Infelizmente, a solução que os casais em crise encontram, em geral, é a mais fácil: virar a cara, isolar-se, "dar um gelo" e até mudar de quarto, uma moda que está pegando cada vez mais. Já cheguei a ouvir: "Vivo com meu marido, mas ele dorme num quarto e eu, no outro." Ora, isso não é viver com alguém! No máximo, estão vivendo uma solidão a dois e continuam na mesma casa para não aumentar as despesas para aquele que vai morar em outro lugar. É a saída mais barata, mas, com certeza, não estão santificando seu casamento.

Um aspecto importante que não podemos esquecer está em nosso decálogo: as bem-aventuranças. Nesses ensinamentos, sobre os quais nenhuma lei ou decreto dos homens tem poder, está a chave para se viver a santificação e encontrar a verdadeira felicidade. Esta é a expressão máxima da comunhão profunda com Deus:

"Bem-aventurados os humildes de espírito, porque deles é o reino dos céus.

Bem-aventurados os que choram, porque serão consolados.

Bem-aventurados os mansos, porque herdarão a terra.

Bem-aventurados os que têm fome e sede de justiça, porque serão saciados.

Bem-aventurados os que se compadecem e são misericordiosos, porque alcançarão misericórdia.

Bem-aventurados os puros de coração, porque verão a Deus.

Bem-aventurados os pacificadores, porque serão chamados filhos de Deus.

Bem-aventurados os que são perseguidos por causa da justiça, porque deles é o reino dos céus.

Bem-aventurados sois vós, quando vos perseguirem, caluniarem, machucarem por minha causa. Alegrai-vos, porque a vossa recompensa é certa" (Mt 5,3-11).

Perceba que entre os bem-aventurados estão aqueles que são puros de coração, ou seja, os que não sonegam o amor e não o deixam perder sua força, bem como os misericordiosos e pacificadores, aqueles que não promovem a guerra, o combate, mas, antes, baixam a guarda e sabem acolher. Eis o verdadeiro exercício da vida conjugal.

AFINIDADES ALIMENTAM

Existe na física um princípio, erroneamente aplicado ao casamento, segundo o qual os opostos se atraem. Todo mundo já disse essa frase pelo menos uma vez na vida, e o pior é que muitos acabam vivendo entre tapas e beijos por acreditarem piamente que estar casado é padecer no paraíso. Grande engano: o casamento não se sustenta pelo diferente, mas pelo comum.

Um teste rápido: Escreva cinco pontos que você e seu marido, ou sua esposa, têm em comum. Se sentir dificuldade de identificá-los, o seu casamento está em apuros.

As brigas do dia a dia podem parecer bobas, mas elas são o sinal de que alguma coisa não está se encaixando. Se vão assistir à televisão, por exemplo, é a disputa pelo controle remoto. Ele não assiste à novela, ela não assiste ao jogo de futebol, então, não dá para passarem bons momentos diante da TV. Cada um tem a sua, e assim seguem aproveitando o seu momento lazer: separados. Ao saírem, ela quer ir ao shopping, ele não suporta fazer compras. Se tentam conversar, não perdem a chance de desfiarem um rosário de queixas. É bravo.

Sendo assim, o que sobra para um casal?

A pergunta é séria, porque os opostos não se mantêm, eles se destroem.

Insisto na questão das diferenças para mostrar quão errada está aquela velha ideia de que os opostos se atraem. Quer ter um casamento saudável, que se perpetue? Então, é preciso começar a criar pontos comuns com seu marido ou sua esposa, senão a união se desgasta e não vai para a frente.

Mais de uma vez já me perguntaram: "O Senhor é contra o casamento entre pessoas de religiões diferentes?"

A princípio, sim, pois, se nem a religião é um ponto de unidade, o que vai ser? Se nem o exercício da espiritualidade por meio da presença de Deus na vida do casal gera aproximação, como será o casamento? Marido e mulher precisam caminhar lado a lado, rezar juntos, um santificando o outro, como já mencionei anteriormente.

A oração mantém o casamento e o sustenta nos momentos de crise. Se, nessas horas, o casal não tiver um referencial de Deus comum, não terá em que se apegar. Quero dizer, com todas as letras, aquilo para o que a Igreja sempre alerta:

Família que reza unida, unida sempre estará. Marido e mulher que não rezam juntos estão construindo paredes de concreto entre si. Contudo, a Igreja permite casamento com um cônjuge de outra religião, mas sob condições bem precisas: educar os filhos na religião católica, por exemplo.

Não há nada pior para um casal do que chegar ao estágio da indiferença. Imagine ter uma pessoa dentro de casa que "lhe deixa na geladeira", não conversa, alguém para quem tanto faz se você chora ou sorri, está passando bem ou mal. Quer coisa pior que isso?

Costumo dar como exemplo o ritual do velório. Já perdi muitas pessoas queridas e a saudade não tem tamanho, mas o velório é o momento que nos dá a certeza de que tivemos uma despedida. É difícil, sim, chora-se muito, não se dorme, no outro dia os olhos ainda estão ardendo, a comida não desce e, mesmo quando tudo se acalmar, a saudade permanecerá, como a que sinto de meu pai, falecido em 2008. Mas o fato é que nós fizemos o enterro e, aos poucos, o tempo vai curando a ferida. Já o casamento em que cada um fica no seu canto, alheio ao mundo do outro, é como um velório sem fim, no qual se vive diariamente a dor de ter perdido aquela relação que um dia foi tão especial.

Por isso, recomendo sempre aos casais que não deixem o casamento amornar, procurando manter sempre acesa a chama, o namoro, o carinho. Uma das formas é ter interesses e atividades em comum, sobretudo aqueles que possam ser feitos juntos. Quando nosso Senhor ordenou "Amai-vos!", ele estava exaltando o amor, que, muito mais que um sentimento, representa toda uma vida em comum.

CORAGEM PARA AMAR

Se o casamento é uma bênção de Deus, ele deve levar à felicidade. Então, o que está acontecendo com tantos casais que não conseguem ser felizes juntos?

Volto a reforçar a importância do diálogo, que, tanto quanto o amor, é essencial numa relação. Mas não qualquer diálogo. Refiro-me àquela conversa profunda, verdadeira, que muitas vezes não depende de palavras, mas de *saber olhar*. Responda com sinceridade: Quando foi a última vez que você realmente olhou para o seu marido ou sua esposa e conseguiu enxergar a pessoa que está ao seu lado? Ela é feliz? Ele amadureceu com o passar dos anos? Ainda existe respeito entre vocês?

Tudo na vida tem um preço e todo mundo abre mão de alguma coisa em alguma parte dessa viagem, como quando optamos por segui-la acompanhados e não mais sozinhos. Da mesma forma que alguém que vai em direção ao Norte está abrindo mão do Sul, quem casa está abrindo muitas portas e fechando outras.

O diálogo é uma das formas de avaliar se essa escolha tem valido a pena. Sei que não é uma pergunta fácil de fazer, e, muitas vezes, a resposta é ainda mais difícil de ouvir, mas é preciso ter coragem para amar. Então, num momento em que se encontrarem a sós e sentir abertura para isso, não perca a chance de perguntar a essa pessoa que está envelhecendo ao seu lado: "Valeu a pena ter aberto mão de tantas coisas por mim? Eu tenho feito você feliz?"

Novamente, o questionamento recai sobre a saúde do casamento, mas vou insistir até que você compreenda que ela está em suas mãos. Remexer feridas, assumir os próprios erros, dar o primeiro passo pode provocar dor, mas, se nascer já é doloroso, que dirá renascer. Nada se resolve de uma hora para outra, mas sempre é tempo de recomeçar, desde que exista um esforço concreto.

> *Como padre, sou e sempre serei a favor do recomeço e totalmente contra a desistência, aquela atitude radical que conhecemos pelo nome de separação.*

Uma das maiores dificuldades que eu e meus irmãos sacerdotes temos é explicar nossa posição sobre o divórcio. As pessoas ainda não entenderam que a dissolução da sociedade conjugal pela lei dos homens não tem valor algum do ponto de vista religioso. Até hoje, parece que não caiu a ficha que o fato de estar divorciado no civil não isenta ninguém da responsabilidade pela quebra do compromisso assumido perante Deus.

Quando eu digo que é preciso coragem para amar, não estou brincando. O casamento é para sempre. É assim que a Igreja o compreende, como um pacto de santidade. Por isso, obediente à Lei de Deus, ela é contra o divórcio, embora existam situações de impedimento que podem ser levadas aos tribunais eclesiásticos para que, uma vez examinadas, seja declarado nulo o casamento.

Esse não é um procedimento simples porque, como se sabe, para Deus o casamento não é apenas um contrato firmado entre duas pessoas, mas uma realidade concreta, visível, palpável e, por isso mesmo, elevada à condição de sacramento. Essa realidade sacramental tem sua origem na própria vontade e na liberdade das partes que a constituem e, somente quando algo fere diretamente um desses pilares (liberdade e vontade) ou ambos, os tribunais eclesiásticos se dispõem a deliberar sobre o assunto. Se entendem que algo nesse nível realmente ocorreu, declaram a nulidade do casamento, sendo importante deixar bem claro que, ao fazê-lo, estão agindo diretamente sobre a raiz do problema, ou seja, não se trata de dissolver o casamento e sim de reconhecer que ele nunca existiu em sua essência.

Existe aquele tipo de impedimento mais evidente, como ter menos de 13 anos, que a Lei Canônica, a qual cuida das relações entre os fiéis e a Igreja, acata sem maiores discussões. Mas a maioria dos casos que chegam até os tribunais eclesiásticos envolve os chamados "vícios do consentimento", que remetem a situações nas quais houve dano real aos princípios da liberdade e/ou da vontade. Por exemplo, quando jovens com nítida imaturidade emocional, surpreendidos por uma gravidez inesperada, são obrigados a casar apenas para manter intacta a "honra da família". Ou aqueles casos em que um dos cônjuges possui uma personalidade malformada, seja em razão de desajuste familiar, seja por problemas de ordem neurológica, apresentando doenças como manias, esquizofrenia, entre outras, que podem resultar até mesmo em ocorrências de violência doméstica. Nessa situação específica, não é o fato de a esposa apanhar que será examinado pelo tribunal eclesiástico, mas o grau de enfermidade da pessoa que pratica a violência — afinal, ninguém em seu estado normal comete atos dessa natureza —, podendo considerá-la incapaz de cumprir o prometido (o bem do outro) e fazer jus ao casamento. Embriaguez e uso de drogas, por mais corriqueiro que possa parecer, também são condições impeditivas. Eu mesmo já cheguei a me recusar a realizar um sacramento, porque o noivo compareceu à cerimônia de casamento completamente embriagado.

Há também os "erros de dolo", ou seja, casamentos realizados equivocadamente porque um dos cônjuges teve a intenção de enganar o outro — mulheres que mentem sobre a verdadeira paternidade do filho, homens que se declaram ricos apenas para impressionar e conseguir um bom casamento — ou simplesmente omitiu um dado da maior relevância, como o fato de ser estéril, por exemplo.

Já o adultério, como fato isolado, não se constitui em motivo para nulidade, a não ser naqueles casos em que foi prometida fidelidade diante do sacerdote, mas tudo não passava de uma farsa, com traições durante o namoro que prosseguiram na vida conjugal. Sendo assim, a Igreja pode entender que tudo não passou de um consentimento simulado e anular o casamento. O mesmo não ocorre quando a pessoa permaneceu fiel ao longo de todo o casamento e, por algum motivo, acabou caindo em tentação e traiu seu companheiro. Embora não declare a nulidade, se aquele que foi traído alegar não ser mais possível a convivência, a Igreja admite a "separação mantendo o vínculo", por considerar que nada cerceou a liberdade e a vontade dos cônjuges no momento do Sim.

Embora um tanto extensas, todas essas explicações são importantes para que você compreenda exatamente qual é a posição da Igreja e a minha como sacerdote. Problemas de percurso podem ocorrer, mas, em nosso entendimento, como já afirmei, o casamento é para sempre. Deus pensou o homem e a mulher como seres complementares: a mulher tirada da costela de Adão, uma costela que fica bem perto do coração, o que significa igualdade. Portanto, estão predestinados a encontrarem juntos a felicidade, como é possível neste mundo.

Termino com o texto do apóstolo Pedro: "Igualmente vós, maridos, vivei com elas com entendimento, dando honra à mulher, como vaso mais frágil, e como sendo elas herdeiras convosco da graça da vida, para que não sejam impedidas as vossas orações" (1Pd 3,7).

O casamento é como um vaso frágil que deve ser cuidado e mantido na profunda oração.

Oração pela união do casal

Senhor Deus, abençoai as famílias.

Senhor Deus, abençoai os lares.

Que as mágoas, os ressentimentos,
Que as frustrações e decepções não sejam
motivos de separação, mas de maturidade.
Dai a graça do perdão, a ponto de curar as feridas.
Que cada alvorecer, em cada manhã,
possa trazer o reavivamento do amor.
Que cada despertar do dia seja a possibilidade de um
diálogo permanente e de um amor constante.
Senhor, que nenhum casal permita que a noite chegue
e o sol se ponha com rancores e mágoas no coração.
E, se isso acontecer, Senhor, que Tua graça e Tua bênção
sejam tão grandes a ponto de levar ao perdão.
Deus de amor, abençoai e santificai aquilo
que foi unido em Teu altar.
Que Tua bênção leve cada casal, cada pessoa a sair do "eu"
e chegar ao "nós", e consiga, no "nós", respeitar o "eu".
Senhor, que a soma de duas vidas leve à felicidade.
Abençoai e santificai os casais.

Amém.

TESTEMUNHO

Sua bênção, Padre Reginaldo.

No ano passado, sofri uma decepção muito grande no meu casamento: fui traída pelo meu marido. Quando descobri, entrei em desespero.

Quando o senhor fez a novena pela restauração do matrimônio, pedi que eu conseguisse perdoar meu marido, para que nosso casamento pudesse ser restaurado.

Continuei a fazer cada uma das novenas e, com a graça de Deus, consegui perdoar meu marido. Hoje, vivemos bem. Ele também passou por uma transformação e é outra pessoa para mim.

Agradeço a Deus, a Nossa Senhora e a Santo Expedito.

Agradeço muito ao seu programa, Padre, pois tem me ajudado tanto a enfrentar as tempestades da vida. Tornei-me uma pessoa mais forte na fé e mais confiante em Deus.

Marinalva
(Umuarama – PR)

2

Como ter uma vida sexual saudável e feliz no casamento?

Numa ocasião, durante o programa de rádio *Fé em Debate*, que apresento ao vivo como parte da obra Evangelizar É Preciso, um ouvinte me perguntou sobre vida sexual no matrimônio. A simples menção a esse assunto já foi suficiente para que as linhas telefônicas congestionassem por uma hora, com ligações de homens e mulheres que desejavam falar, partilhar e me inquirir sobre o tema. Isso também ocorreu com o link *Fale com o Padre*, do site que leva meu nome, no mesmo dia.

Muitos ainda não se deram conta, mas, durante o ano, a Igreja propõe duas festas dedicadas a São José. Cada uma, porém, com olhares diferentes para aquele que foi pai adotivo de Jesus e companheiro de Nossa Senhora. Uma festa é dedicada a ele no dia 1º de maio, quando o invocamos como patrono dos trabalhadores. A outra ocorre em 19 de março, ocasião na qual o exaltamos como "esposo da Virgem Maria". Isso mostra que a vida conjugal e, portanto, a sexualidade, passa pelos assuntos de Deus.

Não é algo que possamos colocar embaixo do tapete ou manter escondido dentro de uma gaveta e fingir que não existe.

Não sou psicólogo nem sexólogo, sou padre, mas creio piamente que a felicidade está relacionada à maneira como o ser humano lida com sua sexualidade, sejamos nós celibatários, solteiros, viúvos ou casados. Ninguém é assexuado, todos nós temos sexualidade. Sendo assim, ela tem de ser olhada sob a luz da cruz redentora.

Nunca se teve tanto acesso a informações sobre sexualidade, mas também nunca se tratou desse assunto de forma tão banal. Além das tradicionais piadas cabeludas que não perdoam nada nem ninguém — padres, freiras e até papagaios —, agora o sexo virou realmente uma mercadoria de consumo, vendida em qualquer lugar, em outdoors, revistas masculinas, programas de TV, por telefone e, cada vez mais, pela internet. Recentemente, soube de uma estatística dos próprios provedores de internet segundo a qual os sites pornográficos têm batido recordes de visitas. E qual é o perfil de quem mais procura esses endereços eletrônicos? Homens e mulheres casados, entre 35 e 50 anos.

Na verdade, só mudou o nome: de bordel real para bordel virtual.

RESGATANDO A INTIMIDADE DO CASAL

Infelizmente, tenho me deparado com um número significativo de casais que não têm vida sexual sadia e satisfatória. Desses, alguns apontam os filhos como causadores do problema; outros acham que, se encontrarem um modelo mais novo de relacionamento resolverão seus medos.

Entre os inúmeros exemplos, posso citar o de um casal em que o marido, separado da mulher, já estava com uma amante. Iniciei uma conversa com esse homem, que começou a chorar. Pensei: "Alguma coisa errada tem aí!" Então, ele me falou: "Padre, eu tenho uma amante, mas é porque minha mulher tem nojo de sexo, e eu preciso. Casei para ter uma vida sexual e minha esposa não aceitava ter relações comigo. Eu a amo, mas, se fosse para viver sem sexo, teria sido padre."

Ora, o que estava faltando nessa relação era a coragem, por parte dela, de dizer: "Eu tenho problemas para lidar com a sexualidade. Vamos juntos procurar uma solução?"

Outro caso diz respeito a uma mulher, ainda jovem, casada, se não me engano, há 12 ou 13 anos, cujo marido saiu de casa. Perguntei se ele já estava com outra, mas ela garantiu que não. Também sondei se ajudava na criação dos filhos e obtive a confirmação de que pagava pensão, visitava as crianças e as tratava com carinho.

Novamente, tive aquela sensação de que algo não se encaixava. Quis conversar com o homem para me certificar de que não havia outra mulher na história. Ele foi categórico ao afirmar que não. Então, perguntei sem rodeios se ele amava sua esposa. Nesse momento, ele se entregou: "Amo! Mas, padre, estou com impotência sexual e não tenho coragem de contar a ela." Eu aconselhei dizendo que sua mulher também o amava e, justamente por isso, ele tinha obrigação de partilhar seu problema com ela.

Afastar-se não resolveria nada. Foi quando o homem chorou e abriu ainda mais seu coração: "Mas na hora em que eu confessar a ela que estou impotente, vou deixar de ser macho."

Pedi licença a esses fiéis para contar suas histórias, que são absolutamente reais, porque, assim como eles, muitas pessoas estão sofrendo. Não estou generalizando, dizendo que todo mundo é igual, mas a área da sexualidade não vai bem.

Também me perguntam sempre, desde que abri a linha do telefone no programa *Fé em Debate*, sobre levar para dentro de casa filmes pornográficos ou acessar sites que oferecem esse tipo de conteúdo. Minha resposta: "Quem recorre a filme pornográfico, ou está fugindo da sua verdadeira vida sexual no casamento, ou está precisando de muleta para se apoiar." E não me venham com essa balela de assistir a esses filmes juntos para "apimentar a relação", porque o marido que propõe isso à esposa está fazendo-a de objeto. Já a mulher que consente está colocando em risco a sua dignidade.

Entre achados e perdidos, o questionamento de novo recai sobre a saúde do amor, do casamento, bem como sobre a quantidade e a profundidade do respeito ao outro. O que está acontecendo com nossos casais, que precisam esquentar o relacionamento com filmes pornográficos?

Há ainda aqueles que compensam suas carências optando pelo ato egoísta da masturbação. Quando me questionam sobre isso pelo rádio, respondo com uma pergunta: "O que há de desequilíbrio no casamento, que as pessoas estão precisando se satisfazer sozinhas?"

Não se trata de cometer pecado ou não, mas certamente existe algum problema, pois um está se esquivando de fazer o outro feliz. O casamento não é uma relação em que um parceiro complementa o outro? Se a sexualidade não vai bem, se não há satisfação, não adianta negar, esconder, fingir. É preciso buscar ajuda, seja na pastoral familiar, seja no consultório de profissionais especializados, como ginecologistas, urologistas, psicólogos, porque, certamente, eles estão preparados para lidar com esse tipo de problema. Reeducação sexual não tem idade.

"Mas será que precisamos das lições de um padre sobre um assunto tão íntimo?"

Sim, porque o sexo continua sendo tratado de forma pejorativa ou apelativa, e nada se resolve. Este é o grande pecado moderno: tratar o sexo como se fosse um ato mecânico sem maiores consequências, quando, na verdade, muita água rola debaixo dessa ponte. Tenho certeza de que se apenas praticar sexo trouxesse felicidade, a grande maioria das pessoas viveria esbanjando sorrisos. Não se trata de ser ou não moralista, mas de acolher o sofrimento e a angústia de tantos casais que querem e precisam da Luz.

UMA SÓ CARNE

A vida sexual no casamento é, sem dúvida,
abençoada por Deus. Exatamente por isso,
ela tem de ser saudável, respeitosa e dignificante.

Lembremos que Deus criou o homem e a mulher com saúde sexual plena, e foi o próprio Criador que instituiu o matrimônio (Gênesis 2,23-24). Assim, a redução da sexualidade plena do ser ao genitalismo já é fruto do pecado.

Como pode um casal ter uma vida sexual boa se, durante o dia, deixa prevalecer no relacionamento ofensas, indiferenças e mágoas? Como entender um casamento no qual uma das partes é humilhada ou tratada como objeto sexual servil? Como fingir que nada está acontecendo e não procurar ajuda espiritual ou médica, nesse caso? Lembre-se: São Paulo advertiu-nos que o corpo do marido é da mulher, assim como o da mulher é do marido; ambos são uma só carne. "Tenham a vida comum para que satanás não se aproveite para os tentar da sua incontinência" (1Cor 7,3-5).

Estou certo de que muitas carências que levaram a separações seriam superadas com diálogos profundos e sinceros também sobre a vida sexual do casal. Imagino que dá para contar nos dedos o número de maridos e de esposas que têm coragem de perguntar ao companheiro: "Você é feliz sexualmente comigo?"

Orientando um casal que me procurou em busca de apoio espiritual, entrei no assunto de sua intimidade, não por ser curioso, mas para poder compreender. Então, propus a eles: "Vou sair da sala e você, marido, vai perguntar para sua esposa se ela é feliz na cama com você. E você, esposa, fará a mesma pergunta a ele." Fechei a porta, esperei dez minutos cravados no relógio e voltei achando que estavam saindo no tapa. Que nada, não conseguiram dizer uma palavra um ao outro.

O que eu quero mostrar é que os casais têm vergonha de conversar sobre "certos assuntos". Não de beber além da conta e contar piadas sujas para os próprios filhos ou de jogar cartas aos berros, soltando todo tipo de palavrões, mas sim de falar com o outro sobre a própria intimidade. Essa é uma barreira que provoca doenças na vida sexual.

As pessoas podem pensar: "Padre, sexo não é tudo." Não é tudo, mas é muito importante no casamento. Por isso, questiono seriamente a saúde sexual dos casais e instigo pastorais e movimentos que atendem problemas conjugais para não se limitarem a tratar desse assunto apenas nos cursos de noivos.

Quanto aos casais, que são a parte mais interessada nesse tema, se tiverem problemas de ordem sexual, volto a pedir, não deixem de procurar ajuda por vergonha ou qualquer outro motivo. Se há cura, é preciso buscá-la, sem desculpas. E, quando o problema for realmente mais grave, como um câncer na próstata ou algum tipo de frigidez crônica, sugiro que se apeguem ao amor para manter a união estável, fiel e, o mais importante, feliz.

Para terminar, reforço que, à luz da Palavra de Deus, temos de rezar pela saúde e felicidade da sexualidade conjugal, esse dom que Deus nos deu e não é algo sujo, nojento, que deva ser eliminado de nossa vida. Pelo contrário, é uma forma íntima, profunda e redentora de comunhão entre dois seres, homem e mulher.

Da sexualidade nasce a vida.

Oração do casal para uma vida íntima santa e saudável

Senhor, que depois de tudo ter sido criado e feito com amor contemplaste que tudo era bom.

Senhor, bem sabemos que a sexualidade do homem e a da mulher são elementos de Tua vontade criadora.

Levai-nos a viver nossa sexualidade de forma que também ela nos aproxime de Ti, Senhor.

Livrai-nos do mau uso de nossa sexualidade e purificai-nos de toda luxúria que tanto contamina a vida matrimonial.

Que o momento de intimidade matrimonial seja um transbordar do amor que nos une.

Libertai, Deus Criador, nossa mente de todo mau pensamento e todo distúrbio sexual.

Fazei-nos vivenciar nosso ato sexual como uma expressão de toda a nossa afetividade.

Nossos corpos são santos. Que ao tocar e serem tocados, respeitem a dignidade da pessoa amada.

Dai-nos, Senhor, a graça de que, como fruto dessa entrega íntima, nossa fidelidade e compromisso sejam renovados.

Que a cumplicidade aumente e o diálogo flua com mais facilidade.

Que este encontro de amor reacenda o desejo de podermos, de fato, ser uma só carne em um só desejo de servi-lo, Senhor.

Que a alegria deste encontro nos conduza à maior compreensão diante dos defeitos e fraquezas de quem amamos.

Que o perdão seja mais fácil de ser dado e recebido.

Se experiências negativas nos impedem de cumprir nosso compromisso matrimonial, curai-nos com Teu poder criador.

Amém.

TESTEMUNHO

Padre,

Sou casada há 19 anos e minha relação com meu marido não era muito boa. Ele gosta muito de conversar, é carinhoso e eu, ao contrário, sempre fui muito fria e sem paciência para ouvi-lo.

Mas, depois que passei a escutar o senhor e a fazer as novenas pedindo muito pelo meu relacionamento, estou mais tranquila, sentindo uma paz que há muito tempo não experimentava. Consigo ouvir e conversar com meu marido, e a nossa relação sexual também melhorou, pois agora percebo que é uma parte importante no casamento.

Obrigada, Senhor, pela graça recebida! Obrigada, Padre! Amém.

"Filha de Deus"
(Patos de Minas – MG)

3

É possível diminuir o abismo entre pais e filhos?

Amizades, limites, drogas, sexo, distinção entre o certo e o errado são algumas das principais preocupações quando o assunto é relacionamento entre pais e filhos. De fato, educar não é uma tarefa simples. Mas mãe, pai, tranquilize seu coração, pois um dia Jesus também foi criança e adolescente e, certamente, "deu muito trabalho" a José e Maria. Como todos nós, Ele também precisou ser formado e lapidado, porque isso faz parte do crescimento.

Imagine o desespero de Maria quando seu filho saiu de casa em direção ao templo! Foram três dias sem saber onde estava o Menino Jesus — e ele tinha apenas 12 anos (Lc 2,41-52). Isso mostra um lado muito humano da Sagrada Família de Nazaré.

Trago o tema da adolescência à luz dessa experiência da Sagrada Família para que você busque aproximar-se de seu filho, saber com quem e por onde anda, evitando que se perca nos caminhos tortuosos da vida. Criança, adolescente ou jovem, não importa a idade, esteja sempre ao lado de seu filho, ainda que, diferentemente de Jesus, ele ou ela ande por lugares que você não aprove.

O texto de São Paulo aos Efésios nos diz: "Filhos, obedecei a vossos pais segundo o Senhor; porque isso é justo. O primeiro mandamento acompanhado de uma promessa é: 'Honra teu pai e tua mãe para que sejas feliz e tenhas longa vida sobre a terra' (Dt 5,16). Pais, não exaspereis vossos filhos. Pelo contrário, criai-os na educação e doutrina do Senhor" (Ef 6,1-4).

O conflito entre pais e filhos é realmente um problema sério. Recebo inúmeros desabafos de pais que dizem: "Padre, não sei mais como lidar com meu filho, não conseguimos dialogar!"

Na verdade, a existência desse abismo entre pais e filhos é inevitável porque faz parte do "choque de gerações", aquilo que torna a formação, os assuntos e os interesses de cada indivíduo muito diferentes. A tecnologia é um exemplo típico. Enquanto os pais lutam para aprender a mexer no celular, os filhos já são os "reis" dos sites de relacionamento como Twitter e Facebook; enquanto os "coroas" têm que se virar para lidar com o mouse, o controle da TV e do som, os jovens já estão a quilômetros de distância, verdadeiros "ratos de internet". Seus mundos giram em órbitas distantes uma da outra: os filhos escutam "rock pauleira"; os pais ainda são da Jovem Guarda. Daí a dificuldade de encontrar pontos em comum e facilitar a convivência.

Então, que os mundos são diferentes não podemos negar. Mas não precisam ser opostos. Em outras palavras, o abismo existe, mas não podemos permitir que ele aumente e, se possível, temos de lutar para diminuí-lo, afinal, pais e filhos foram chamados a viverem juntos.

A IMPORTÂNCIA DA AUTORIDADE

Quero lembrar um fato que talvez passe despercebido, embora seja muito comum. Há pais que, ao verem os filhos crescidos, "barbados", se eximem da missão de corrigi-los. No Evangelho de São João, nas Bodas de Caná, Jesus tinha trinta anos e teve de obedecer a Maria, sua mãe. Ela lhe disse: "Filho, eles não têm mais vinho." E Jesus respondeu: "O que tenho eu a ver com isso?" Mas Nossa Senhora Lhe deu uma ordem e foi assim que Jesus entendeu o pedido da mãe, transformando a água em vinho, seu primeiro milagre (Jo 2,1-11).

Pais e mães costumam ter muitas dúvidas na hora de dosar o seu papel de educadores com o de "melhores amigos" dos próprios filhos.

Antes de tudo, é preciso ter em mente que pai é pai e mãe é mãe. Amigos são aquelas pessoas queridas, geralmente da mesma faixa etária, que seu filho conhecerá na escola, na vizinhança, no seminário e, em alguns casos, o acompanharão por toda a vida. Não podemos confundir esse tipo de relação com o vínculo inseparável que se forma entre pais e filhos, não apenas pelos laços de sangue, mas também pela responsabilidade de encaminhar um ser humano para a vida. Claro que essa relação não pode ser puramente de autoridade; é necessário permeá-la com toques de acolhimento e ternura, pois amar e ser amado é uma das mais importantes lições que os filhos precisam aprender. No entanto, quando pai e/ou mãe se nivelam apenas pelo parâmetro da amizade, acabam perdendo um dos pontos fundamentais para continuarem exercendo o seu papel, que é o respeito dos filhos.

O Catecismo da Igreja Católica afirma: "A paternidade divina é fonte da paternidade humana" (CIC 2214). Portanto, o respeito dos filhos, não apenas os menores de idade, como também os adultos, pelo pai e pela mãe, é um preceito divino. Já o Livro dos Provérbios diz: "Meu filho, guarda os preceitos de teu pai; não rejeites a instrução de tua mãe; quando caminhares, eles te guiarão; quando descansares, te guardarão; quando despertares, te falarão (Pr 6,20-22). O filho sábio ama a correção do pai e o zombador não escuta a reprimenda" (Pr 13,1).

Parece simples, mas é um dilema verdadeiro, porque os pais não sabem mais como agir: "O que posso fazer? O que não posso?" Muitos perdem a noção dessa relação e querem se tornar apenas amigos dos filhos, quando, na realidade, essas crianças precisam, durante toda a sua formação, até a fase adulta, de limites claros, passados com carinho e amor, sim, mas também com a força da autoridade. Um adolescente somente irá desenvolver-se como ser humano, tanto no âmbito pessoal quanto no profissional, se tiver um modelo no qual se espelhar e, principalmente, se apoiar.

Uma das situações mais difíceis para os pais, hoje, é dizer "não" a seus filhos, por se sentirem culpados achando que estão tendo uma atitude de desamor. Muito ao contrário, dizer "não" a um filho, quando necessário, é um ato de profundo amor, porque quem ama cuida, zela, vela, guarda.

Evidentemente, na hora do "não", os filhos tendem a ficar muito contrariados e até descontentes, mas isso não significa que os pais estejam errando. Talvez, um filho só venha a compreender as decisões tomadas por seus pais muitos anos depois, alguns apenas quando tiverem suas próprias crianças para educar. Por mais informações que eles tenham, afinal, nós vivemos na era da informação — diferentemente da época em que precisávamos passar horas folheando as páginas das enciclopédias Barsa e Larousse para descobrir a capital de um país, hoje as informações podem ser obtidas instantaneamente via internet —, a maturidade para assimilar todo esse conteúdo é uma outra história.

O que não podemos esperar é que o exercício da autoridade paterna ou materna seja aceito sem confronto, até porque o adolescente precisa questionar para desenvolver uma visão crítica da vida e crescer. Isso faz parte do seu processo de desenvolvimento. Portanto, quem é pai ou mãe pode ficar bem tranquilo quanto ao "não" bem pensado e colocado, como forma de impor limites, pois não causa trauma e, às vezes, os filhos precisam dele. O que causa trauma é a falta de afeto, o abandono, o excesso de castigo e outras atitudes extremamente negativas que soam como rejeição e abalam a autoconfiança da criança ou do adolescente, fazendo com que deixe de acreditar em seu potencial.

Carinho e atenção são importantes, e é nessa relação de amor que a palavra "não" deve ser encaixada.

Claro que não se pode ter uma resposta negativa para tudo o tempo todo, e, sempre que ela for dada, é preciso certificar-se de que esteja acompanhada do devido porquê. Não se pode dizer "não" ou "sim" apenas por dizer, caso contrário, estaremos ensinando nossos filhos a levarem uma vida sem sentido.

Um rapaz de Sinop, Mato Grosso, partilhou comigo que seu pai age em casa com a liderança de um "homem das cavernas": sim é sim, não é não. E, como filho, ele não pode nem mesmo sugerir caminhos alternativos. Pois esse jovem fez-me a seguinte pergunta: "Um líder deixa de ser líder se abrir espaço para a discussão?"

Com certeza, não. Um líder equilibrado sabe que quanto mais parcerias estabelecer, maior será o seu sucesso. Portanto, não perde a liderança quando argumenta e deixa os outros argumentarem; pelo contrário, ganha adeptos para concretizar seus objetivos.

Na verdade, o autoritarismo e a agressividade são fruto da insegurança — quanto mais insegura uma pessoa se sentir, mais autoritária ela será. Além disso, proibir simplesmente não funciona na maioria das situações, porque, como afirma o ditado popular, "tudo o que é proibido tem um gosto especial".

Por essa razão, quer os filhos compreendam, quer não, por sua inevitável imaturidade, cabe sempre aos pais explicarem: "Não, por isso; sim, por aquilo." Caso o menino ou a menina, o rapaz ou a moça, ainda assim, conteste, vale o limite da autoridade, lembrando que o questionamento é muito comum nessa fase da vida.

A dificuldade dos pais em impor limites aos filhos, muitas vezes, é fruto do remorso pelo fato de não estarem presentes o tempo todo, geralmente em razão de compromissos de trabalho, acreditando que, ao serem mais liberais, estarão se redimindo dos estragos causados por sua ausência. Isso é um grande engano, porque o desenvolvimento físico e psicológico de nossas crianças não depende da quantidade e sim da qualidade do tempo que possibilita momentos de aproximação, cumplicidade e intimidade, indispensáveis na relação entre pais e filhos.

DIÁLOGO É FUNDAMENTAL

Sabemos que as coisas não acontecem simplesmente porque alguém estala os dedos ou ordena que as façamos, ainda mais na adolescência, quando se tem a vida toda pela frente e se acredita ser capaz de tudo. É aí que entra a arte de dialogar.

O diálogo é fundamental porque faz o filho sentir que sua opinião tem valor; que o pai e a mãe, mesmo não concordando, estão dispostos a ouvir seu ponto de vista. Dessa forma, sempre que pretender algo, em vez de esconder ou fazer por conta própria, ele irá conversar abertamente com seus pais, até como uma forma de se sentir mais seguro quanto às suas decisões.

O problema é que esse nível de abertura nem sempre existe entre pessoas que estão em fases distintas da vida. De fato, o mundo mudou e alguns valores que os filhos aprendem hoje diferem daqueles do tempo de seus pais, mas isso não significa que sejam negativos ou desagregadores. Não precisa ser assim. Por exemplo, um filho que faz uma tatuagem não está, necessariamente, agindo com rebeldia ou manifestando sinais de algum problema mais grave. Mas é importante sentar e conversar com esse jovem sobre a decisão de fazer uma tatuagem, porém sem sermões ou acusações, se possível alertando para o fato de que ele estará marcando seu corpo para o resto da vida.

Seja qual for o "lance", como diz a garotada, os pais devem conversar com os filhos sem preconceitos e, quando for o caso, vencer a "luta" de forma limpa, por meio do diálogo, porque esse é o aprendizado que eles levarão e colocarão em prática quando estiverem lutando na própria vida. Os assuntos, dentro de casa, precisam ser muito bem debatidos, até mesmo com a ajuda de um terapeuta familiar nas situações em que o conflito estiver acima do normal.

Contudo, infelizmente, o que temos visto são pessoas vivendo horas a fio debaixo do mesmo teto sem qualquer resquício de diálogo: casas transformadas em "repúblicas", onde só se usam o sofá, a cama, a televisão e a geladeira, ao passo que a mesa, aquele espaço no qual todos se reuniam para conversar e estar juntos, perdeu o sentido. Agora, nem mesmo o fogão é mais utilizado; para tudo se recorre ao micro-ondas ou, então, aos *fast-foods* (comida pronta) da vida, e aqueles momentos em que as famílias faziam suas refeições ao redor da mesa, aproveitando para colocar os assuntos em dia, ficaram no passado.

Em compensação, outras formas de comunicação surgiram e podemos fazer uso delas. Por que não? Para quem tem filhos, sobretudo na fase da adolescência, é importantíssimo estar atualizado, pois somente assim é possível interagir com eles e garantir o diálogo. Ou seja, os pais precisam conhecer a internet e sites de relacionamento já mencionados, como Twitter e Facebook, entre outros, além de todas as ferramentas tecnológicas que a garotada está usando hoje em dia. Mas não só:

É preciso resgatar o primeiro sentido da palavra "lar", que é ser a fonte provedora da tranquilidade, da recuperação física, mental e emocional e também do "alimento espiritual" necessário para o desenvolvimento de um ser humano, de forma sadia e integral.

A propósito, partilho mais um exemplo de um casal que me procurou. Embora muito jovens, esse pai e essa mãe já tinham um filho adolescente, com 14 anos. Eles não compreendiam a atitude do garoto, que sempre mantinha o próprio quarto trancado, estando ou não em casa. A porta tinha uma trava de segurança e ninguém conseguia entrar no quarto, a não ser o próprio filho. Eles se consideravam bons pais, mas não sabiam como lidar com essa situação e resolveram pedir ajuda. Minha resposta foi certeira: "Pai, mãe, o que o filho de vocês está querendo dizer é que as portas do diálogo estão fechadas. Vocês moram na mesma casa, mas em mundos muito diferentes."

Perguntei se davam atenção a ele e pedi ao pai que me dissesse qual fora a última vez que havia feito um carinho em seu filho. Ele me respondeu que o filho já era um homem e isso seria "bichice".

Mesmo contrariados, ouviram minhas orientações e acabaram conseguindo entrar no quarto. No segundo encontro, contaram que as paredes estavam completamente pintadas de preto, até mesmo o teto, e havia pôsteres de caveiras espalhados por toda a parte. Soube ainda que aquele jovem tinha perdido a namorada recentemente e tranquilizei seus pais explicando que, provavelmente, aquela era a sua forma de expressar o seu luto.

Casos como esse mostram quanto desgaste e confusão poderiam ser evitados se, simplesmente, os pais se empenhassem mais em conhecer seus próprios filhos. Gosto de lembrar o que minha mãe costumava dizer: "Conheço meu filho pelo jeito de andar. Se entra em casa trotando, é porque está bravo; se anda arrastando os pés, está cansado; se fica pulando muito, está feliz."

Isso é conhecer os filhos.

FAMÍLIA: ESSA NOSSA (DES)CONHECIDA

Os conflitos entre pais e filhos ocorrem costumeiramente quando estes estão na fase da adolescência, mas há casos em que se manifestam já na infância, especialmente quando aqueles não conseguem impor limites. Como já expliquei antes, pais que se sentem culpados por sua ausência ou alguma outra razão tornam-se permissivos demais, e os filhos acabam crescendo sem limites e fazendo o que bem entendem. Quando acordam e percebem que aquela criança está ocupando todos os espaços e fazendo apenas o que quer, pode ser tarde demais. É aí que surgem os grandes conflitos familiares.

Os pais sofrem com essas crianças que, desde novinhas, são verdadeiras "pequenas tiranas" dentro de casa, porém é preciso ponderar que isso ocorre única e exclusivamente por responsabilidade daqueles que não souberam educá-la da forma adequada.

Certa vez, uma mulher, mãe de dois filhos pequenos, um de seis anos e outro de quatro, pediu-me ajuda porque estava tendo dificuldades com o mais velho. Não conseguia controlar sua desobediência, pois era muito "respondão", e, apesar de já ser um "rapazinho", dizia ter medo de dormir sozinho. "Será falta de pulso de minha parte?", ela me indagou.

A mãe não conseguia interpretar os sinais, mas não era preciso ser Ph.D. em Psicologia para perceber que o garoto queria disputar a atenção dela com o irmãozinho, a quem provavelmente via como alguém que veio roubar o seu lugar. Eu lhe disse: "O colo que ele perdeu quando o outro nasceu está fazendo falta. Você se esqueceu de esclarecer a ele que a chegada do novo irmão não foi uma perda, mas um ganho. Faça isso e tudo vai melhorar."

É natural existirem conflitos em família, pois eles fazem parte dos desafios da convivência. Até aí, tudo bem. O perigo começa quando os problemas que dizem respeito apenas ao casal transbordam e atingem os filhos.

Essa é uma situação que também venho percebendo nos meus atendimentos a famílias, nas quais os filhos acabam sendo reféns do desentendimento dos pais. Não raro, são usados como "pombos-correio", pretextos para os pais não conversarem entre si e até como "armas" para ferirem um ao outro. Às vezes, não é o filho que não quer dormir no quarto sozinho, e sim o pai ou a mãe que fogem da intimidade e colocam o filho no quarto do casal. Não é o filho que não pode sair da casa dos pais e morar sozinho, mas o medo de voltarem a ser "apenas dois dentro de casa" que os leva a desenvolverem a chamada "síndrome do ninho vazio". No fundo, já não se suportam mais e se agarram à presença dos filhos como a uma tábua de salvação.

O verdadeiro papel dos pais é ser um amparo para que os filhos possam evoluir do nível em que se encontram para outro e, assim, amadurecer. No entanto, como os pais podem atuar como esteio e guia se não tiverem discernimento e agirem apenas de acordo com suas emoções?

MAIS DO QUE PALAVRAS

Para educar, é necessário ter clareza e coerência de princípios. Não adianta você fazer uma coisa e depois mandar o seu filho fazer outra, o que piora ainda mais quando ele percebe a existência de um peso e duas medidas. Palavras não são o mesmo que testemunho. Para os filhos, os pais são o referencial, então têm de dar o exemplo, ou não poderão exigir dos filhos aquilo que não seguem de fato.

Mais do que por meio de palavras, os pais devem educar pelo seu exemplo de vida.

Numa conversa com pais, adolescentes e jovens entre 13 e 18 anos, os primeiros identificaram como uma das maiores preocupações atuais o uso da tecnologia mais evoluída no dia a dia, considerando-a uma forte concorrente na formação que tentam dar aos filhos. Daí a ideia de que é preciso monitorar e estabelecer limites para o uso da internet.

No entanto, nem sempre isso funciona, porque, na frente dos pais, os filhos podem estar navegando em uma página da web, mas basta eles virarem as costas para clicarem em outras, justamente as "proibidas". Alguns pais tentam resolver isso bloqueando determinados sites, mas isso é apenas um paliativo, pois eles podem ter acesso na casa dos amiguinhos e até nas chamadas *lan houses* ou *cybercafés*. Então, a melhor tática ainda é a conscientização por meio do diálogo, procurando estabelecer limites no tempo de uso da internet, conforme concluíram os próprios pais.

Já os adolescentes e jovens mostraram-se contrários ao monitoramento e bloqueio de sites, argumentando que o correto é mostrar o caminho e definir os limites. Mas, acima de tudo, para eles o mais importante é a confiança que os pais devem ter nos filhos, bem como na educação e nos valores transmitidos. Por outro lado, admitiram que a curiosidade e a influência dos amigos pesam muito na hora de escolherem entre aceitar os limites ou transgredi-los.

Questionados sobre o que pensam a respeito dos filhos saírem à noite para as famosas "baladas", os pais responderam que preferem levar e buscar para poder sondar o ambiente e conhecer os amigos dos filhos, não para exercerem um tipo de "policiamento" e sim como uma forma de se sentirem menos preocupados e, ao mesmo tempo, estarem mais próximos deles nessa fase da vida. Os filhos, por sua vez, afirmaram que não sentem vergonha de chegarem e saírem acompanhados dos pais, pois, segundo eles, isso é correto e confortável.

Por fim, vale reforçar que a maior e mais completa educação não vem por palavras e sim por testemunhos. A educação é muito mais que informação: é formação, e passa por todas as áreas, dos fundamentos de cidadania aos valores espirituais.

Nesse caminho, os pais devem considerar os filhos não sua propriedade, mas como filhos de Deus e devem respeitá-los como seres humanos. Educar os filhos é missão dos pais, que são os principais responsáveis por sua formação. Assim, podemos dizer que a escola complementa, mas os primeiros professores devem ser os pais. A Igreja complementa, mas os primeiros catequistas são os pais.

Acreditem, os conflitos são inevitáveis, mas podem ser superados com o diálogo, perdão e, acima de tudo, com paciência. O que hoje parece impossível amanhã terá outro aspecto. Nada como um dia após o outro, com uma noite e muita oração no meio.

E nunca é demais lembrar: nas horas fáceis ou difíceis, aconselhe-se sempre com Deus!

Oração pela harmonia entre pais e filhos

Senhor, abençoai os pais na grande responsabilidade
de educar e preparar os filhos para a vida.

Dai-lhes a força e o discernimento para compreendê-los
em todas as situações difíceis.

Dai-lhes a sabedoria para corrigi-los e a paciência para
acolher suas limitações.

Dai-lhes a sutileza de ensiná-los a descobrir suas virtudes e capacidades.

Que os pais saibam amar seus filhos e ensinar-lhes o caminho certo.

Que sejam para eles exemplo de fé e vida.

Que os filhos saibam amar e respeitar seus pais.

Que lhes sejam obedientes a exemplo do Menino Jesus.

Que vivam uma infância e uma juventude sadia, na paz e na harmonia.

Que eles não caiam em emboscadas e não se percam nas encruzilhadas
das drogas, dos vícios e das más companhias.

Que eles pautem a vida nos Vossos mandamentos.

Abençoai, Senhor, os pais nos filhos!

Amém.

TESTEMUNHO

Sua bênção, Padre.

Sou uma jovem de 21 anos e gostaria de testemunhar a graça que alcancei.

Escrevi uma carta ao senhor pedindo orações para minha família, que vivia em conflito, e minhas preces foram atendidas.

Depois, fiz a novena de Santo Antônio pedindo que eu e minha mãe fôssemos mais amigas, pois, de uns tempos para cá, não estávamos nos entendendo muito bem. Hoje, temos uma relação excelente.

Obrigada, Jesus, pelas graças recebidas!

Obrigada, Padre, por me ensinar o caminho de Deus.

Marialva dos Santos

(Bom Despacho — MG)

4

O que fazer para manter as drogas longe de casa?

Nos momentos críticos da vida, a fé funciona como uma ponte que nos permite atravessar o precipício do desespero. Mas precisamos permitir que Jesus toque nossa vida.

Muitos se sentem subjugados, esmagados, incapazes de reagir, por exemplo, diante de um parente que está usando drogas. Em pouco tempo, veem aquele ente querido se transformar e chegar ao fundo do poço, onde não há luz nem espaço suficientes para continuar cultivando seus sentimentos e princípios. Com a mente alterada e o coração envenenado pelo efeito dos entorpecentes, avilta a própria índole e comete gestos abomináveis, justamente contra aqueles que estão mais próximos. Familiares deixam de ser pessoas amigas para se tornarem empecilhos entre a droga e sua necessidade de possuí-la.

Como sacerdote, eu insisto: o Deus do Impossível pode tocar sua vida, afastar o espírito de confusão, tirar um filho ou um ente querido do vício das drogas e curar todas as feridas. Mas você também precisa fazer a sua parte. Assim como a Bíblia não é uma leitura qualquer nem manchete de jornal ou manual de perguntas e respostas, mas uma leitura orante, contínua e constante, você precisa se preparar para agir como operante e não como desistente diante desse mal que atinge milhares de famílias em todo o mundo.

O crescente número de pessoas viciadas em cigarro, álcool, remédios e drogas ilegais como maconha, crack, cocaína, ecstasy, entre outras, tornou-se um problema de saúde pública que não atinge apenas os mais humildes. Pelo contrário, está presente em todas as classes sociais. E o pior é que tem diminuído cada vez mais a faixa etária de quem experimenta essas substâncias pela primeira vez. Na maioria das vezes, as drogas mais leves servem de chamariz para esse mundo de prazer momentâneo que logo se transforma no pior dos pesadelos.

Recordo-me do caso de uma jovem de apenas 19 anos que começou a beber aos 14 por diversão e, pouco depois, passou a fumar maconha. Segundo ela, no início, foi levada pela curiosidade e também pela pressão de alguns amigos que viviam oferecendo um traguinho. Sem se dar conta do grave perigo que corria, não demorou para entrar naquele estágio conhecido como "dependência cruzada", que é o uso combinado de álcool, maconha e cocaína. A convivência familiar ficou difícil e a moça não conseguia mais estudar, até que seus pais a internaram numa clínica.

Chegou a receber alta, mas tornou a se drogar. Nessa mesma época, acabou engravidando e, com apenas 16 anos, deu à luz seu primeiro filho. Entre idas e vindas, altos e baixos, continuou sua trilha tortuosa até que caiu em si, percebeu que aqueles que lhe ofereciam drogas não eram seus amigos e agora está tentando mudar seus hábitos numa clínica de recuperação para dependentes. Seu filho e seus familiares sofrem com sua ausência, mas sabem que ela está lutando para construir uma versão melhor e mais forte de si mesma.

Assim como ela, muitos jovens hoje são atraídos para a armadilha das drogas. A facilidade para obter essas substâncias é preocupante, por isso cabe aos pais orientar seus filhos, ensiná-los a recusar, prevenindo para nunca darem a primeira tragada, não importa qual seja a desculpa ou aquilo que os "amiguinhos" irão dizer. E, no dia a dia, prestar atenção às mudanças de comportamento dos filhos.

MAIS FORTE QUE O MEDO E A VERGONHA

Nenhuma família quer ver um filho, irmão ou outro ente envolvido num problema sério como o uso de drogas, mas, se isso está acontecendo, não adianta entrar em desespero, partir para agressões físicas e verbais, culpar uns aos outros, expulsar o dependente de casa ou tentar trancá-lo para que não saia, porque isso só irá piorar a situação. Fazer de conta que o problema não existe ou se deixar paralisar pelo medo e pela vergonha de ter fracassado na missão de formar aquela pessoa também não ajudará em nada.

Você já parou para pensar que a droga pode ser uma forma agressiva de pedir amor?

Sim, não é preciso ser psicólogo para saber que a pessoa se apega a um vício para preencher alguma carência.

Você pode retrucar e dizer: "Mas ele ou ela tem tudo aquilo que quer!"

Será mesmo?

Agora pare e reflita sobre esta frase sábia:

Muitas vezes, temos tudo aquilo que queremos, mas não aquilo de que necessitamos.

Afeto e atenção também são fomes que nós, humanos, filhos de Deus, feitos à imagem e semelhança Dele, precisamos saciar. Apesar de conhecermos as lições de Jesus Cristo sobre solidariedade, a capacidade de se colocar no lugar do outro, o respeito pela vida, será que estamos usando esses ensinamentos na nossa vida? Cristo chegou a lavar os pés de discípulos que lhe deram muita dor de cabeça, mas até que ponto estamos atentos e dispostos a fazer uma simples gentileza para quem está todo dia ao nosso lado?

Aqui, vale reforçar com as palavras do Evangelho de São Mateus, que nos dizem:

"Tive fome e me destes de comer.
Tive sede e me destes de beber.
Era peregrino e me acolhestes.
Estive nu e me vestistes.
Estive enfermo e me visitastes.
Estive na prisão e viestes a mim."

O exercício da humildade, o controle do pensamento e das emoções, a sabedoria de expor e não impor as ideias, a experiência plena do amor são aprendizados de uma vida inteira, e minha intenção não é culpar ninguém pelo infortúnio de ter um parente viciado. O que temos de compreender é que pessoas nessa situação não necessitam de julgamento, pois já sofrem com sua condição, e tampouco de um empurrão, porque já estão no fundo do poço. Elas precisam de mãos que as ajudem a se reerguer e você pode estender as suas.

Então, mãos à obra!

O primeiro passo é se aproximar de quem usa drogas compreendendo que aquela pessoa está muito confusa, com os valores abalados, sem capacidade de distinguir o que faz bem ou não a ela, e que, se não tiver o apoio da família, de profissionais especializados e até de outras pessoas que já passaram por isso, dificilmente se libertará do vício.

O segundo passo é prestar bastante atenção para perceber o momento exato de oferecer ajuda. Isso é muito importante porque, geralmente, as famílias enfrentam como principal barreira a negação do próprio usuário. Muitos não admitem o vício ou aparentam estar envolvidos demais pelas drogas para terem um lampejo de lucidez. No entanto, nenhum dependente químico, por mais dominado que esteja pelas drogas, está cem por cento seguro de que quer usá-las. Apesar de seu isolamento progressivo, existem momentos em que hesita, sofre pelo mal que está causando a si e aos outros, pensa em buscar uma alternativa. É nessa hora que a família deve "entrar em ação" e, com muita ternura, tentar sensibilizá-lo para que se sinta acolhido e amado. Ao perceber que não desistirão dele, ele também não desistirá de si mesmo.

Não se trata de ser complacente e favorecer o vício; pelo contrário, você o estará ajudando a refletir que o prazer proporcionado pelas drogas é momentâneo, ao passo que o malefício é muito duradouro. É nesses momentos que se fortalecem os vínculos familiares e se encontram as soluções.

O terceiro passo é trabalhar a recuperação da família simultaneamente à do dependente, uma vez que pessoas próximas tendem a vivenciar seu drama com a mesma intensidade. O melhor caminho é participar de grupos de apoio e conversar sobre o tema, compartilhando experiências, pois somente quando aprendemos a multiplicar os pães ficamos todos bem alimentados. Felizmente, nas Igrejas e nos serviços especializados, existem grupos de ajuda mútua aptos a orientar famílias que enfrentam esse tipo de dificuldade.

No mais, não há segredo: joelho dobrado, coração contrito e muita oração para nos munir da verdade e do Espírito Santo e nos levar a ter atitudes coerentes, lembrando que a libertação quase nunca se dá num primeiro momento, sendo necessário um longo trabalho de reestruturação física e moral do dependente, que também passa pela recuperação de valores. Por outro lado, não é necessário que a pessoa chegue ao extremo para procurar ajuda; se estiver começando a se drogar e tiver consciência do mal que pratica, já deve procurar tratamento.

O importante é não desistir. A dependência química é uma doença, mas tem cura, e devemos buscá-la a todo custo, fazendo do diálogo, das atitudes conscientes, da demonstração de afeto e atenção e da fé em Deus nossos maiores aliados.

O TRIUNFO DA FÉ

Deus pode mudar sua realidade e fazer acontecer um milagre em sua família — você só precisa dizer "SIM" à Sua infinita misericórdia. O problema é que, muitas vezes, as pessoas dizem aquele "sim" bobo, fútil, que deixa a porta do coração travada, no máximo semiaberta, e não deixam a luz divina entrar completamente.

Ame com fervor, sem fazer julgamentos; ame, sobretudo, aquele que sofre e lhe faz sofrer, porque, certamente, essa é a forma que ele encontrou para pedir o seu amor.

Por isso, meu filho e minha filha, abram as portas do seu coração, escancarem-no, façam como Jesus nos ensinou: Amém!

A Igreja é rica de dons e bênçãos, e, assim como ela, podemos dar forma concreta à luz do Espírito, na força de Jesus, em nossas comunidades, e sermos a mão estendida para aqueles que estão no fundo do poço. Em lugar de discriminar, busquemos construir movimentos e pastorais que acolham os dependentes químicos.

ORAÇÃO DE LIBERTAÇÃO DAS DROGAS

Senhor, Pai Eterno, em nome de Vosso Filho, nosso Senhor Jesus Cristo, concedei a vida a todos aqueles que se encontram encarcerados em um vício, escravos de alguma droga.

Senhor, Pai Poderoso e cheio de misericórdia, na autoridade do nome de Jesus, libertai da escravidão do vício das drogas, cocaína, crack, cigarro, compulsões, mentiras. Quebrai todas essas cadeias, grilhões.

Senhor, Pai Eterno, Deus da Vida, em Nome de Jesus libertai as carências, os traumas, os desgostos, toda a escravidão espiritual, afetiva, emocional e moral. Preenchei o vazio na vida dessas pessoas a ponto de conseguirem a libertação desse mal.

Senhor, na autoridade do Nome de Jesus, tirai todos esses malefícios e dai a serenidade no viver e no querer.

Senhor Deus, nós Vos entregamos a causa que levou esta pessoa ao uso das drogas

(diga o nome...)

Peço por esta(s) pessoa(s), livrai-a(s) de toda carência, de toda rejeição, de toda falta de amor, de toda amargura, de todo complexo.

Pai Eterno, nós cremos no Vosso Poder Divino. Livrai do mal, das más companhias, abençoai os amigos, todos os familiares e a todos os que se aproximarem dele.

Nossa Senhora, cobri estas pessoas com Seu Manto e, perante Vosso Filho, intercedei por elas.

Amém.

TESTEMUNHO

Sua bênção, Padre. Escrevo meu testemunho com um nome fictício, pois não quero ser identificada.

Tenho uma vida normal, amigos, vou a festas, passeios, mas, durante um problema familiar, caí numa armadilha e conheci as drogas.

No começo, era como um remédio, mas o tempo foi passando e me tornei uma viciada. Vendi tudo o que tinha, até as coisas de minha mãe. Passei para o crack e me envolvi com gente da pior espécie, até passar a viver na rua, como mendiga.

Por muitas vezes, minha família me procurou e eu me escondi. Conheci um rapaz, ele me ajudou muito, e julguei que estava livre das drogas. Mas ele precisou viajar por algum tempo, e isso bastou para eu ter uma recaída.

Descobri que estava grávida, mas não pensava no que estava fazendo com o bebê.

Certo dia, parei em uma banca de rua, drogada, suja, sem ninguém. Foi, então, que ouvi sua voz, Padre. Era o primeiro dia da novena de Nossa Senhora do Carmo. Senti algo inexplicável, parecia que o efeito da droga havia passado de repente. Naquele momento, depois de tanto tempo na rua, lembrei-me da minha família, da minha casa, do sofrimento que estava causando às pessoas que me amavam.

O programa acabou e eu segui minha rotina de escravidão. Mas, no dia seguinte, fui novamente àquela banca ouvir seu programa, e assim fiz por vários dias. No quinto dia da novena, veio o grande milagre. Fui movida por uma força divina. Quando o senhor disse "Faça seu pedido", senti um calor suave em meu coração e pedi com muita fé pela minha recuperação. Resolvi voltar para casa e pedir ajuda. Recebi o apoio de minha família para me tratar e ter o bebê. Foram meses de aflição e angústia, mas estou recuperada.

Agradeço a Deus por ter parado naquela banca e ouvido seu programa, pois foi por meio dele que consegui renascer.

Maria do Carmo
(Fortaleza – CE)

5

Como lidar com o alcoolismo em família e superá-lo?

De todas as drogas, o álcool é a mais perigosa porque entra na nossa casa pela porta da frente. Não há data festiva ou comemoração, por mais simples que seja, na qual ele não esteja presente. Assim, crescemos associando a bebida ao lazer, aos prazeres da vida, àquilo que nos traz alegria, e, portanto, ao que nos faz bem. Talvez seja por isso que temos dificuldade de nos referirmos ao álcool como "droga", mas, acreditem, meu filho e minha filha, é exatamente isso que ele é. A única diferença é que as outras drogas, as ilegais, não podem ser consumidas publicamente.

O álcool não é simplesmente uma substância que altera nossa consciência e corrói o fígado; é a droga mais antiga e a mais devastadora do mundo em termos de desastres sociais. Na maioria dos casos de violência familiar, o agressor está alcoolizado. Nas estradas, metade dos acidentes está relacionada diretamente ao excesso de álcool no sangue. No entanto, ele continua enchendo os cofres públicos na forma de imposto e até proporcionando emprego para muitas pessoas.

O mais grave, porém, é que o álcool é a porta de entrada para o consumo de outras drogas. Antigamente, acreditava-se que era a maconha, mas hoje os especialistas reconhecem que a bebida é a primeira substância causadora de dependência com a qual o jovem trava contato, justamente porque seu consumo é estimulado pela sociedade.

Os meios de comunicação, como a televisão, são grandes incentivadores do álcool, porque sempre o apresentam em comerciais belíssimos, bem elaborados, que exploram a sensualidade das modelos e a musicalidade do povo brasileiro. No passado, o cigarro também era vendido em anúncios e comerciais de TV como sinônimo de status e prazer.

E qual é o objetivo dessas propagandas, senão despertar nos adultos, nos jovens e até nas crianças o desejo pelo produto que anunciam, ainda que este seja uma bebida alcoólica e cause danos à saúde?

Enquanto permitirmos que os jovens cresçam acreditando que a bebida e o cigarro são impulsos naturais do ser humano, estaremos dando asas ao demônio.

E não venham me dizer que estou exagerando. Por mais que exista essa história de que os filhos de um pai alcoolista têm maiores chances de desenvolver o vício, sempre há um primeiro momento em que a pessoa diz "sim". Tudo começa com um "sim". O livre-arbítrio é uma das maiores dádivas que Deus nos concedeu, então, por mais que a pessoa tenha recebido uma carga genética e até emocional, ela pode, nesse primeiro contato, dizer "não".

Não estou sugerindo que o alcoolista — não apenas homens, mas também há muitas mulheres que têm esse vício — seja um "pau-d'água sem-vergonha", como é comum escutarmos. Pelo contrário, o alcoolismo é uma doença que precisa ser compreendida e tratada, mas não podemos isentar a pessoa da responsabilidade do primeiro "sim", como se ela tivesse agido involuntariamente desde o início. Da mesma forma, quando chega o momento de abandonar as drogas, como foi explicado no capítulo anterior, é muito importante que o dependente aceite o tratamento.

Então, existem dois tipos de causas: a genética e os hábitos de cada um. Com o tempo, esses hábitos viram costumes, que, se não ajudam a promover a doença, acabam provocando doenças. Ou seja, uma coisa é o histórico familiar que sinaliza uma tendência ao alcoolismo; a outra é a pessoa fazer pouco caso de sua predisposição genética e *optar* por consumir álcool mesmo assim, correndo o risco de passar de uma prática social para o vício do alcoolismo.

VIGÍLIA CONSTANTE E ATENÇÃO REDOBRADA

O alcoolismo pode levar a uma situação limite de exaustão por parte dos familiares que tentam de todas as formas afastar o dependente do álcool. Na ânsia de protegê-lo, mudam suas rotinas, deixando de frequentar locais onde ofereçam bebida, não denunciando eventuais violências sofridas, equilibrando-se sobre um arame farpado sem se dar conta de que os ferimentos serão cada vez maiores.

Ora, julgar, acusar, xingar não são posturas dignas de um cristão, mas tapar o sol com a peneira também não é uma atitude correta, porque ela apenas favorece o vício. Assim como no caso das demais drogas, o melhor caminho é acolher o alcoolista como um filho de Deus que realmente tem um problema de saúde e necessita de tratamento adequado.

Quem está no fundo do poço não precisa de um empurrão, mas de acolhimento.

O álcool, assim como o cigarro, age de forma mais traiçoeira pelo fato de ser uma droga permitida. Dessa forma, como já foi explicado, além do próprio perigo do vício em si, acaba sendo o ponto de partida para as drogas mais pesadas. Por isso, meu filho e minha filha, há que se manter a vigília e redobrar a atenção para garantir a saúde e a segurança de seus pequenos. São muitos os motivos que levam nossos adolescentes e jovens a se deixarem seduzir pelo álcool, entre eles a desinibição que ele provoca, a sensação de aumento da autoconfiança, além da própria curiosidade natural da idade, na qual tudo tende a ser visto como "brincadeira". Outros começam a beber influenciados pelos próprios pais, não se pode negar. Já tive notícia de um caso em que a criança chorava e a mãe molhava a chupeta na cerveja, colocando-a de volta na boca do filho. Esse tipo de irresponsabilidade é mais comum do que se imagina.

Por todas essas razões, não é de hoje que a Santa Igreja se preocupa com a maneira como lidamos com as drogas legalizadas que fazem parte do nosso dia a dia, promovendo diversos trabalhos de prevenção e recuperação, como faz a Pastoral da Sobriedade. As instituições sociais, públicas e do terceiro setor também devem atuar da mesma forma, contribuindo para que os jovens não entrem no caminho da dependência química.

A CHAVE QUE ABRE O CADEADO E LIBERTA DAS CORRENTES

O papel daqueles que pregam a Palavra de Deus é levar uma mensagem de vida aos irmãos que enfrentam a provação do alcoolismo em família. Sabemos quanto milhares de pessoas padecem com o problema desse vício por meio de cartas e testemunhos.

"Padre, tenho vontade de desistir"; "Pelo amor de Deus, levem meu filho, minha filha, porque eu não aguento mais!", entre outros desabafos desesperados que chegam até mim todos os dias. Mas acredite: é nessa hora que devemos buscar a força em Deus e

> *Ninguém deve desistir do filho, da filha, do casamento, da família, mas perseverar na fé, depositando as esperanças em Jesus, pois Nele tudo tem solução. Ele é o Deus do impossível!*

insistir, perseverar, lembrando que as pessoas que estão no fundo do poço não precisam de um empurrão e sim de acolhimento.

Certa vez, enquanto parabenizava uma senhora que estava completando 25 anos de casada, Bodas de Prata, ela me confidenciou: “Meu marido bebeu durante 23 anos e, hoje, faz exatamente dois anos que ele se libertou.”

O que você acha que manteve essa mulher perseverante como Santa Mônica?

A fé!

Jesus é nosso maior aliado, Nossa Senhora é nossa intercessora, por isso não cansamos de pedir por todos aqueles que estão aprisionados em vícios:

- os internados em casas de recuperação, clínicas ou fazendas, para que estejam dispostos a aceitar o tratamento;
- os ainda resistentes, para que se conscientizem da doença e busquem ajuda quanto antes;
- os familiares que lidam com o problema, para que não se sintam vencidos, desiludidos, sem esperanças, e para que orem e acreditem que Deus quer mudar sua vida.

O Senhor pode tocá-los, por meio da vontade, da aceitação e da conscientização da doença, para que despertem para uma vida nova.

“Eu vim para que todos tenham vida e a tenham em abundância.” (Jo 10,10)

Ele pode, Ele libertará!

Oração de libertação do alcoolismo

Misericordioso Jesus, que tivestes compaixão de todos que eram apresentados e colocados para serem curados e libertados de espíritos imundos.

Eu clamo, Senhor, a Vossa Misericórdia, e, pelo precioso Sangue da Cruz Redentora, restaurai a vida daqueles que estão aprisionados pelo vício do alcoolismo.

(diga, agora, com autoridade, o nome de quem necessita a Graça da libertação...)

Nosso Senhor Jesus Cristo, que viestes para libertar os cativos, libertai esses cujos nomes lembramos de todos os vícios, e de modo especial dai a Graça da libertação do alcoolismo.

Senhor, tirai o trauma e os registros negativos dessa doença nessas pessoas, seja por herança genética, seja por má-formação.

Que o Teu precioso sangue passe por toda a história dessas pessoas, desde o momento da concepção até hoje.

O Teu Nome tem poder, Jesus, e é no Nome de Jesus que pedimos.

Libertai-os do alcoolismo. Santifica-os no Teu Amor. Regenerai-os na Vossa Misericórdia.

Senhor, dai-lhes o Espírito Santo, de tal forma que se sintam motivados, fortalecidos e capazes de vencer a tentação do álcool.

Que sejam regenerados nos seus fracassos, e que a Vossa Graça os fortaleça na vontade.

Não permitais, Senhor, que esses Teus filhos e filhas sejam derrotados e humilhados pela bebida, mas sim que sejam recolocados na vida.

Pedimos também, Senhor, a libertação dos traumas dos familiares por uma história marcada por profunda dor.

Jesus, libertai-os do alcoolismo.

Amém.

TESTEMUNHO

Caríssimo Padre e amigo,

A pedido de minha esposa, comecei a ouvir seu programa e, com a graça de Deus, abandonei o vício do alcoolismo.

Tenho 32 anos e, desde os 12, bebia. Isso se tornou compulsivo e, a cada vez, eu bebia mais. Aos 14 anos, passei pela primeira internação para tratamento do vício. De lá até hoje foram ao todo 28 internações, passei por vários psiquiatras e, agora, finalmente, alcancei a vitória da libertação.

Não posso ter filhos e estou no meu segundo casamento. Foi minha atual esposa quem me evangelizou. Ela é muito católica. Cheguei a passar por várias religiões, mas, depois de tantos desenganos, Cristo me resgatou.

Só tenho a agradecer a Deus, porque, por meio do seu programa, tenho recebido grande ajuda. Meu temperamento mudou e minha vida também está mudando.

Reze pelos jovens da minha cidade, pois São Cristóvão é a quarta cidade mais antiga do Brasil e a que tem o maior número de jovens no alcoolismo.

Que Deus, Pai Todo-Poderoso, o proteja, Padre.

Josenildo Silva

(São Cristóvão – SE)

6

Como sobreviver ao desemprego e manter a esperança?

O desemprego é algo que ofende a dignidade do homem. Abala a autoconfiança, desencadeia um sentimento de inferioridade, afeta os relacionamentos familiares e amizades, pois, como se costuma dizer, nos tempos de bonança, os amigos são fartos; já nas horas de necessidade, são raros. Mas não podemos deixar que esse pecado social que é o desemprego atrapalhe o relacionamento com Deus.

Nenhum pai quer que seu filho passe fome, pelo contrário; se os pais aqui na Terra são capazes de tirar da boca para dar a seus filhos, quanto mais nosso Pai que está no céu! (Mt 7,11)

O emprego é muito importante para cada um de nós, porque está diretamente ligado à ideia de trabalho, e o trabalho dignifica o homem. Por meio dele, construímos algo na vida e deixamos nosso legado. Pode ser uma obra concreta ou apenas um ideal; não importa, uma pessoa identifica-se com aquilo que faz, porque o trabalho é uma extensão de si mesma: de suas mãos, sua mente, seus sonhos. É aquilo que a completa e realiza.

Há quem diga que o trabalho é fruto de um castigo de Deus, mas isso é um erro. O ser humano precisa ter uma função social, e o emprego atende a essa necessidade. Sua importância é tão grande na vida de uma pessoa que, quando perguntamos a ela "Quem é você", seja qual for o seu grau de instrução, imediatamente responde informando aquilo que faz. "Sou engenheiro... professora... médico... contador... padre...", e assim por diante. Em geral, essa declaração antecede itens como origem familiar, personalidade, ideias, músicas preferidas etc. Até porque, de certa forma, tudo isso está implícito naquilo que fazemos. Por exemplo, um engenheiro deve ser uma pessoa mais objetiva, acostumada a estabelecer metas e cumpri-las. Uma professora gosta do contato humano e de ajudar as pessoas a se desenvolverem. O nosso trabalho diz muito sobre cada um de nós; é nele que encontramos um modo de colaborar para o bem comum e, consequentemente, um sentido para a vida, e é por isso que o mencionamos ao responder quem somos.

Deus nos criou e nos presenteou com o dom da criatividade para que aperfeiçoássemos a Criação e a levássemos à plenitude. E o trabalho é o lugar onde nós mais exercitamos nossa criatividade, por isso nos identificamos tanto com aquilo que fazemos e ficamos seriamente abalados quando, por algum motivo, somos privados de desempenhar nossa função.

Agora, imagine a sensação ruim que a pessoa tem quando, ao ser questionada sobre o que faz ou no que trabalha, tem de admitir que está desempregada?

No entanto, infelizmente, temos presenciado muito esse tipo de situação. Vivemos numa época em que os índices de desemprego aumentam a cada dia, mas não podemos entregar os pontos e temos de encará-lo como um desafio a ser superado.

PROFISSÃO ESPERANÇA

Santo Inácio de Loyola aconselha: "Confie em Deus como se tudo dependesse exclusivamente Dele e, ao mesmo tempo, trabalhe como se tudo dependesse exclusivamente de ti."

Muitas pessoas desempregadas, seja pelo choque de perderem o seu ganha-pão ou o sustento de sua família, seja porque o tempo está passando e as contas começam a bater em sua porta, se veem assim: desesperadas. Às vezes, tornam-se agressivas e até violentas diante da falta de perspectiva. Outras assumem trabalhos que não dão conta de realizar ou acabam se dedicando a atividades que não gostariam. Há ainda quem se entregue ao desânimo, somente esperando o momento de o barco afundar.

Não! Esse não é o caminho que Deus nos ensinou!

Diante do desemprego, quando tudo parece dar errado e as portas insistem em permanecerem fechadas, lembremo-nos do que São Paulo escreve na Carta aos Romanos: "Sede alegres na esperança, pacientes na tribulação e perseverantes na oração" (Rm 12,12).

O desespero é fruto da perda de uma das virtudes mais importantes na vida da pessoa: a esperança. Uma pessoa madura na fé é uma pessoa que crê, ama, espera. Mesmo sofrendo com o desemprego e passando por uma crise financeira, continua lutando e acreditando que o amanhã será melhor.

> *Ter esperança é colocarmos nossa confiança na providência de Deus, esperar e acreditar que Ele nos apoiará e mandará o socorro necessário. A graça vem de Deus (Hb 10,23).*

"Padre, como isso é possível?"

Trabalhe sua esperança na espiritualidade e na oração, como sugeriu São Paulo. Repita quantas vezes for preciso e sempre que o desespero bater mais forte: "Senhor, eu tenho medo. Senhor, eu me sinto aflito, mas eu confio em Tua ajuda."

Também podemos exercitar a esperança aceitando ajuda. Por isso, não tenha medo ou vergonha de dividir o seu problema com familiares nem de planejar, com eles, o melhor caminho para mudar essa situação. Quero lembrar àqueles que estabelecem uma perspectiva muito alta de recolocação, acima das próprias possibilidades, que estão agindo de forma errada, pois não é o trabalho que nos faz importantes, e sim nós que fazemos qualquer trabalho ser importante.

Quando seguimos de acordo com a perspectiva da construção do Reino de Deus, que está alicerçado sobre pedras rejeitadas pelos construtores e no qual todos os marginalizados são acolhidos de maneira prioritária e especial, todo trabalho torna-se nobre, seja ele qual for.

Recentemente, deparei-me com o caso de um rapaz que está há seis meses desempregado e disse achar que Deus não quer que ele trabalhe, pois já fez várias novenas e não foi atendido. Segundo ele, as pessoas garantem que Deus lhe trará um bom emprego, mas sua maior preocupação é conseguir uma colocação rapidamente, quanto antes. E questionou: "Será que Deus não tem misericórdia de mim?"

Sim, Deus tem misericórdia e sabe de nossas necessidades. Acontece que o desemprego não vem por Sua vontade e sim como resultado do desequilíbrio do sistema econômico criado pelos homens. O desemprego não foi pensado por Deus, mas gerado pela ganância do ser humano.

Deus dignificou o trabalho dizendo: "Comerás o teu pão com o suor do teu rosto" (Gn 3,19). No entanto, apesar da vontade que as pessoas manifestam de ter um trabalho, o desemprego aumenta.

O Catecismo da Igreja Católica diz: "É injusto não pagar aos organismos de seguridade social as cotas estipuladas pelas autoridades legítimas. A privação do trabalho por causa do desemprego é quase sempre, para quem a sofre, um atentado à dignidade e uma ameaça ao equilíbrio da vida. Além do prejuízo pessoal para o desempregado, corre também inúmeros riscos o seu lar" (CIC 2436).

De fato, o desemprego traz consigo uma série de aflições e provações que desencadeiam uma profunda crise emocional, e, como já foi explicado, é pela virtude da esperança que podemos nos encorajar, direcionando essa ansiedade e tribulação da forma como São Pedro propõe em sua primeira Carta: "Lançai sobre Ele (Deus) toda a vossa ansiedade, porque Ele tem cuidado de vós" (1Pd 5,7).

Recebi uma pergunta com a qual muitos podem identificar-se: "Há anos meu pai não trabalha e, quando consegue uma indicação, não dá certo. Ele diz que é azar, o que o senhor acha?"

Não devemos acreditar em azar ou acaso. Deus tem um plano para todos nós. O problema é que existe um pecado social, uma injustiça econômica que pode atingir uma pessoa profundamente e da qual nosso Pai não tem culpa, porque nós somos os responsáveis pelo seu surgimento. A injustiça provoca desequilíbrios, então existem pessoas em situações muito favoráveis e outras passando por enormes dificuldades. Isso não é azar e sim um reflexo da desigualdade social.

PERSEVERANDO NA FÉ

São nítidos os sinais de desesperança emitidos pela pessoa desempregada. Descrente de que seu futuro possa mudar, ela acaba prostrando-se e ficando em casa, muitas vezes parada em frente à TV sem sequer tirar o pijama. É como se estivesse soterrada sob os escombros de sua vida que desabou.

Como ensina qualquer manual de sobrevivência em caso de catástrofe, a providência mais importante é manter a consciência, para não perder a noção de quem se é, e nunca deixar de acreditar que, mais cedo ou mais tarde, conseguirá sair daquela situação. Novamente a esperança...

Uma dica que sempre dou para quem está desempregado é manter seus hábitos como se fosse trabalhar, incluindo a mesma forma de se vestir, só que, em vez de ir para o emprego que não tem mais, realizar todos os procedimentos recomendados pelos especialistas na área de recolocação profissional para encontrar um emprego novo. Se não tiver acesso à internet ou a esse tipo de serviço, vale pedir ajuda a algum parente ou amigo próximo que tenha mais experiência nessa área.

Só de se envolver nessa busca, que é extremamente positiva, pois permite fazer novos contatos, encontrar soluções, descobrir alternativas, já estarão sendo geradas mais oportunidades. O que não pode é se acomodar ou ficar em casa remoendo a própria sorte, sentindo-se uma pessoa inútil, e isso tende a piorar quando os familiares vivem cobrando uma solução.

Então, mãe, pai, filho, filha, esposa, marido, seja qual for o grau de parentesco com a pessoa que está desempregada, é importante que ela encontre um parceiro nessa hora difícil, não um juiz. Não se trata apenas de ajuda concreta, material; pelo contrário, na maioria das vezes, o que o desempregado mais precisa é de alguém que lhe sirva de exemplo para perseverar na graça, mover o coração de Deus e atrair as bênçãos divinas sobre sua vida.

Certa vez, uma pessoa descrente me confrontou com a seguinte teoria: "Se Deus sabe de todas as minhas necessidades, então não preciso pedir emprego para meu filho."

Não se trata disso, claro que Deus *sabe*, mas Ele quer que *peçamos*. Como exemplo, pense no caso da mãe que *sabe* que tem de preparar a refeição para o filho e até já possui todos os ingredientes à mão, mas espera que o filho verbalize o *pedido*: "Mãe, estou com fome." Então, ela vai e serve o filho.

Nossas orações nada mais são do que apresentar diante de Deus nossas necessidades, certos de que Ele nunca negou nem negará nada aos que lhe pedem Suas graças com o coração puro e uma confiança bastante grande, conforme escreveu São João Maria Vianney.

Disse Santo Agostinho: "Nossos pedidos não são para informar a Deus, mas para alargar o nosso coração mediante a fé e assim receber as graças que Ele nos quer dar."

Para finalizar, lembro que, por mais que nossas necessidades temporais sejam importantes, não podemos permitir que elas maculem nossa alma, a qual deve prosseguir confiando na providência divina e nas palavras de Jesus Cristo: "Olhai as aves do céu: não semeiam nem ceifam, nem recolhem nos celeiros e vosso

Pai celeste as alimenta. Não valeis vós muito mais que elas? E por que vos inquietais com as vestes? Considerai como crescem os lírios do campo; não trabalham nem fiam. Entretanto, eu vos digo que o próprio Salomão, no auge de sua glória, não se vestiu como um deles. Se Deus veste assim a erva dos campos, que hoje cresce e amanhã será lançada ao fogo, quanto mais a vós, homens de pouca fé? Não vos aflijais nem digais: Que comeremos? Que beberemos? Com que nos vestiremos? São os pagãos que se preocupam com tudo isso. Ora, vosso Pai celeste sabe que necessitais de tudo isso" (Mt 6,26.28-32).

Confiemos na misericórdia de Deus e perseveremos firmes na fé, porque Deus é fiel. Ele nunca nos desamparará.

Oração pela graça do emprego

Senhor, que dissestes "comerás o pão com o suor de teu rosto", eu sei que o trabalho é digno e abençoado para sustentar a vida.

Mas, Senhor, apesar da boa vontade de trabalhar há tanto desemprego! E, por isso, Senhor, o desemprego está causando problema na família e na vida pessoal.

Senhor, olhai pelos desempregados. Por isso, estou rezando esta oração por este(s) cujo(s) nome(s) apresento agora.

(diga o nome...)

Estou na Vossa Presença, Senhor, para pedir que o(a) ajude a encontrar um trabalho decente para sustentar a própria vida e a vida daqueles que dele(a) dependem.

Senhor, quando estivestes neste mundo, foste humilde carpinteiro. Tende piedade e compaixão dos desempregados que querem trabalhar, que precisam trabalhar. Iluminai, pois, o caminho daqueles que hoje saírem à procura de trabalho, que batam na porta certa.

Senhor, eu creio na Vossa promessa: "Batei e a porta vos será aberta." Iluminai os desempregados a baterem na porta certa, que não desanimem diante dos "nãos" já recebidos e, por Vossa Graça, consigam um lugar.

Senhor, eu confio na Vossa Graça.

Senhor, eu confio no Vosso Poder.

São José Operário, rogai pelos desempregados.

Amém.

TESTEMUNHO

Padre Reginaldo, sua bênção.

Escrevo para contar uma graça recebida.

Meu marido estava desempregado, sem carteira assinada havia oito anos. Ele só fazia bico e o que ganhava mal dava para as despesas.

Distribuía currículos, mas não surtia efeito. Eu estava muito preocupada, pois ele começava a ficar desanimado e sem esperanças.

Fiz a novena de São José Operário e fomos muito abençoados. Antes de a novena acabar, recebemos a graça: meu marido foi chamado para fazer um teste e, com a graça de Deus, começou a trabalhar.

Janice
(Patos de Minas – MG)

7

Como proteger-se e libertar-se da inveja?

O sentimento de inveja é um pecado, porque sua essência é negativa. Quem inveja deseja ter algo que não lhe pertence, a qualquer custo, a ponto de pisar nos outros e até matar. Não há limites para o invejoso, porque ele nunca está satisfeito e quer sempre mais. Não por acaso, a inveja está representada no Gênesis (Gn 3,2) como uma cobra que fez seu ninho embaixo da cama de muitos lares.

Por mais diabólico que possa parecer, a inveja está por toda parte: em colegas de trabalho, vizinhos, familiares, em nós mesmos. Na verdade, ela permeia muitos relacionamentos de falsas amizades, chegando a contaminar até mesmo nossas pastorais e igrejas. Como podemos fazer coro às palavras de São Paulo de que formamos um só corpo (1Cor 10,17), se, no dia a dia, nos devoramos como feras? A inveja enfraquece nossa união com Cristo porque nos arma uns contra os outros.

O Catecismo afirma que a inveja é um pecado capital e o décimo mandamento recomenda "Não desejar as coisas alheias"

(Ex 20,17), mas, ainda assim, ela brota em nosso coração como uma enchente, provocando emoções violentas e correntes de raiva. Vale lembrar que a palavra "capital" vem da expressão latina *caput*, cujo significado é cabeça. Em outras palavras, por ser um pecado capital, a inveja é uma "mãe" que tem muitos "filhos", entre os quais estão:

- murmuração (*sussurratio*, fofocar, falar mal dos outros, mesmo que sejam coisas verdadeiras: maledicência);
- detração (falar mal dos outros, inventar, difamar: calúnia);
- ódio (o invejoso não só se entristece pela superioridade do outro como, mais do que isso, quer seu mal sob todos os aspectos);
- exultação pela adversidade dos outros (diminuir a glória do próximo, alegria maligna);
- aflição pela prosperidade dos outros (ficar triste com a glória do próximo e, por essa razão, tentar impedi-la).

Quando o profeta Natã quis estimular o arrependimento do rei Davi, contou-lhe a história de um pobre que tinha uma única ovelha, cuidada por ele como sua própria vida, e do rico que tinha uma multidão de ovelhas no seu rebanho. Ainda assim, invejava aquela única ovelha do pobre e acabou roubando-a (2Sm 12,1-4).

Assim como nesse caso, a inveja pode levar às piores ações. Por causa dela, Adão e Eva pecaram; Caim matou Abel (Gn 4); os irmãos de José o venderam no Egito; o rei Saul tentou matar Davi (1Sm 18). Por causa da inveja, tentaram matar Jesus e, mais tarde, deram a liberdade a Barrabás. Não podemos esquecer que foi igualmente pela inveja do demônio em relação ao homem no Paraíso que a morte entrou no mundo. (cf. Sb 2,24).

Agora, meu filho e minha filha, parem e reflitam: Quantas vezes seu coração e sua dignidade foram arrancados de vocês por pessoas invejosas? Quantas vezes vocês também quase caíram nessa tentação?

DESSE VENENO NÃO BEBERÁS

Ao ler o Novo Testamento, encontramos as seguintes citações sobre a inveja:

"É preciso que entendam e se convertam, e assim Deus os curará." (Mt 13,15)

"Não vos conformeis com este mundo, mas transformai-vos pela renovação do vosso espírito, para que possais discernir qual é a vontade de Deus, o que é bom, o que lhe agrada e o que é perfeito." (Rm 12,2)

"Com efeito, enquanto houver entre vós ciúmes e contendas, não será porque sois carnais e procedeis de um modo totalmente humano?" (1Cor 3,3)

"Não sejamos ávidos da vanglória. Nada de provocações, nada de invejas entre nós." (Gl 5,26)

São Tomás de Aquino é categórico ao afirmar que "a inveja é podridão, e uma pessoa invejosa é torturada, queimada. A inveja é como espinho que machuca a cada dia". É dele também a máxima: "Da inveja nasce o ódio." Já Santo Agostinho diz: "A inveja é um pecado diabólico por excelência, o caruncho da alma, que rói e reduz uma alma ao pó." São João Crisóstomo completa: "Nós nos combatemos mutuamente, e é a inveja que nos arma uns contra os outros... Se todos procuram por todos os meios abalar o Corpo de Cristo, onde acabaremos?"

É possível se redimir do pecado da inveja desde que nos recusemos a beber desse veneno. Para tanto, em primeiro lugar é preciso saber identificá-la, o que não é difícil. Se alguém compra uma roupa, podemos achar bonita e até pensar: "Também posso usar uma peça assim, pois me fica bem." Isso não é ruim, afinal, fazer comparações é uma forma de se autorreconhecer. Contudo, a partir do momento que olhamos para a roupa ou qualquer pertence de outra pessoa e nos sentimos mal, com raiva por ela possuí-lo e nós não, entramos no terreno movediço da inveja.

A cobiça (querer o que não se tem) é o primeiro estágio da inveja, que pode evoluir para um sentimento de posse (querer a qualquer custo) e até para algo mais destrutivo ("Se não posso ter, ninguém mais terá"). Como afirma o mandamento de Deus já citado, desejar as coisas dos outros é pecado, porque vai muito além do simples ato de observar um objeto ou alguém e admirar sua beleza. O belo é de Deus. Olhamos para a Criação de Deus e vemos que tudo é benfeito: admiração. O diabo olha a Criação de Deus e quer tomar posse dela: inveja.

Admirar o belo é olhar com os olhos de Deus;
desejar sua posse é olhar com os olhos do diabo.
Qual é o seu olhar?

VENCENDO A INVEJA

Uma vez percebido qualquer um dos sinais da inveja, temos de ter a coragem de dizer em nossas orações:

"Senhor, por alguma razão me deixei contaminar e a inveja está me corroendo. Senhor, estou doente, porque a inveja que sinto faz de mim uma pessoa má, um monstro."

Só o fato de reconhecer o próprio erro já nos coloca no caminho da fé, mas ainda há uma longa jornada a percorrer até nos convertermos aos princípios de Cristo e aprendermos a conquistar nossos ideais sem precisar pisar nas pessoas ou abrir mão dos nossos valores em nome daquilo que almejamos.

A inveja é como o câncer, uma doença que cresce silenciosa e quer tomar-nos por inteiro, por isso não há como remediar, é preciso extirpá-la completamente. E a melhor forma de combater a inveja é por meio da inversão de valores, transformando seus principais pecados — materialismo exagerado, cobiça, sentimento de posse e destruição — nos seus opostos, ou seja, em virtudes.

Na estante do invejoso, na primeira prateleira está o ter, na segunda o poder, na terceira a vaidade ou a glória vã ou "vanglória", (segundo São Tomás de Aquino). Cristo sabia disso quando esteve no deserto e tratou de fazer o feitiço virar contra o feiticeiro. Para lidar com a tentação do ter, esvaziou-se das coisas do mundo. Para não sucumbir ao assédio do poder, fez-se servidor. Para não ser contaminado pela vaidade, lavou os pés dos seus discípulos. Então, três virtudes que podem se contrapor à inveja são o desapego (esvaziar-se das coisas do mundo), a obediência e o servir.

Você pode combater a inveja fazendo um exame de consciência para identificar os principais valores de sua vida, aqueles que definem o seu caráter, e se apegar a eles sempre que a tentação da inveja se apresentar. Se preciso, anote-os em um papel e cole-os num local bem visível, de preferência na parede, para que nunca se esqueça de quem você realmente é.

Lembro que a virtude que mais se contrapõe à inveja é a benevolência. Enquanto o invejoso mente e destrói, o benevolente perdoa e ama. O Catecismo da Igreja Católica nos ensina que benevolência é ter boa vontade e conseguir aceitar a felicidade e o sucesso do outro. É ver alguém feliz e, diante disso, sentir-se estimulado a buscar a própria felicidade.

O Senhor sempre usa de benevolência para conosco e temos de retribuir seu gesto magnânimo compartilhando-a com nossos irmãos. Essa é uma conquista diária.

Até aqui, falamos sobre como impedir que o pecado da inveja se instale em nosso coração, mas como lidar com a inveja dos outros?

Infelizmente, podemos despertar inveja nas outras pessoas. Às vezes, por vaidade pessoal, e, se esse for o motivo, também estamos pecando por termos prazer em nos sentirmos invejados e devemos seguir as recomendações feitas até aqui. Porém, há situações em que a pessoa se mostra serena, humilde, mas, mesmo assim desperta inveja. Jesus, por exemplo, foi muito invejado.

Nesse caso, o que fazer?

Aqui cabem novamente as palavras de São Paulo: "Não, não sejamos ávidos da vanglória. Nada de provocações, nada de invejas entre nós."

O primeiro passo é seguir os princípios de Jesus e orar pelos seus "inimigos". Isso mesmo, antes de se virar contra aquelas pessoas que fazem mal a você, coloque a situação diante de Deus. Em seguida, busque algum tipo de aproximação para tentar enxergar um lado bom que, talvez, não esteja aparente. Isso parece contraditório, mas não é, porque as pessoas utilizam máscaras que só caem quando as conhecemos melhor. Muitas vezes, além da casca, percebemos que existe um coração, e o que parecia uma inimizade transforma-se numa grande amizade.

Um outro macete, sugerido por Santo Agostinho, é transformar a inveja em admiração e imitação. Assim, em vez de se entristecer pelas virtudes e vitórias do próximo, admire-as e dê graças a Deus por elas. Mais: estimule-se a imitá-las. Quem louva as qualidades dos outros, em vez de invejá-las, participa de seus méritos (*dixit Augustinus*).

Se essas duas táticas não derem certo, aí sim, mantenha distância. Depois de ter certeza que já tentou se aproximar, quebrar o gelo, construir pontes onde não existiam, e nada surtiu efeito, opte pelo afastamento. Mas atenção: esse deve ser o último recurso.

No mais, devemos prosseguir louvando a Deus e orando para não nos sentirmos frustrados com a felicidade dos outros, fazendo disso mais um estímulo, um motor propulsor para admirarmos e buscarmos as coisas belas do mundo. Deus olhou para tudo que fez e viu que era bom, então também podemos olhar para o sucesso dos outros e buscar nosso próprio sucesso, sem tentar destruir.

Que toda e qualquer semente da inveja em nosso coração seja arrancada para que não nos tornemos pessoas ambiciosas e a caridade transborde em nossa vida.

ORAÇÃO DE PROTEÇÃO E LIBERTAÇÃO DA INVEJA

Senhor, mandai vosso Arcanjo Miguel proteger-me de todos os olhares invejosos e da língua traiçoeira.

Que o Arcanjo Miguel, este na porta de entrada e saída de minha casa, afugente todo espírito de inveja e afaste do meu ambiente de trabalho situações de discórdia e competição desmedida.

Senhor, livrai-me a mim também do sentimento da inveja, que é um dos pecados da minha fraqueza humana.

Revesti-me, Senhor, das virtudes que me faltam e me são necessárias.

Agi, Senhor, em minha vida, de tal forma que eu tenha coragem de deixar a criatura velha, marcada pelo pecado e pelas trevas, e ressurgir como criatura nova da luz e do amor.

Quero agir de acordo com a Vossa santa vontade.

Sondai-me, Senhor, ide até o íntimo do meu ser, libertai-me de todo o egoísmo, maldade e inveja e revesti-me do amor fraterno e da caridade.

Agi em mim, Senhor, e fazei de mim uma obra nova.

Amém.

TESTEMUNHO

Padre,

Eu morava com minha sogra, porque não tinha casa. Então, meu marido foi trabalhar fora do Brasil, na Inglaterra. Após um ano, conseguimos comprar nossa casa, graças a Deus. Mas logo passamos a ser vítimas da inveja.

Tínhamos uma árvore perfeita em frente de nossa casa, mas ela secou inteirinha e mal tivemos a chance de cuidar dela. Plantamos mais umas cinco mudas e nenhuma vingava.

Foi quando decidi fazer três cruzes com sal bento na calçada da minha casa. Depois, plantei novamente a árvore, e ela floresceu. Hoje, está a coisa mais linda!

Obrigada, Senhor, por tirar esse mal da minha família e do meu lar, que é tão sagrado!

Amém.

Mariangela dos Santos

(Japurá – PR)

8

Como ajudar um familiar doente a resgatar a fé?

Já está comprovado, até mesmo por estudos científicos, que, durante o tratamento clínico, um paciente que tem fé e ora a Deus responde melhor aos procedimentos realizados e alcança a cura mais rapidamente.

A fé é, de fato, uma força propulsora da saúde, e aproximar-se de Deus é fundamental para aqueles que estão enfrentando uma doença: "Navegaram para o outro lado e chegaram à região de Genesaré, onde aportaram. Assim que saíram da barca, o povo o reconheceu. Percorrendo toda aquela região, começaram a levar, em leitos, os que padeciam de algum mal para o lugar onde ouviam dizer que ele se encontrava. Onde quer que ele entrasse, fosse nas aldeias ou nos povoados, ou nas cidades, punham os enfermos nas ruas e pediam-lhe que os deixassem tocar ao menos na orla de suas vestes. E todos os que tocavam em Jesus ficavam sãos." (Mc 6,53-56)

Como sabemos, a doença atinge os planos físico e psicológico, mas nunca podemos deixar que afete o plano espiritual. Infelizmente, isso pode ocorrer se a pessoa não for iluminada ou estimulada a crescer na fé, sobretudo aqueles que vivem um drama prolongado, como o câncer, cujo tratamento quase sempre é mais agressivo, sendo necessário se submeter a várias cirurgias, intercaladas com sessões de quimioterapia e radioterapia.

Para essas pessoas, é muito importante fortalecer o exemplo da obra de Cristo, que, no momento mais desafiador de sua vida, marcado pelo sofrimento, pela dor e pela perda da saúde, da liberdade, da família e dos bens, nos redimiu a todos com sua mensagem de fé. Assim também, nos momentos desafiadores de nossa vida, em que a dor parece não ter mais cabimento, podemos fazer do nosso sofrimento uma extensão do ato redentor de Cristo e encontrarmos a salvação.

A fé é a força mais poderosa do universo. Somente ela pode abrandar os ferimentos visíveis e também aqueles que não podemos enxergar.

SUPERANDO A REVOLTA

O sentimento de revolta é comum na fase inicial do tratamento, sobretudo no momento em que o doente recebe o diagnóstico negativo. Não chega a ser um pecado e sim um desabafo contra seu estado de fragilidade. Para o doente, não é fácil encarar que, a partir daquele momento, sua vida vai mudar e ele ficará privado de muitas coisas. Por isso, maldizer essa notícia não é nenhuma agressão contra Deus, afinal, são palavras que saem da boca para fora, cabendo àqueles que estão por perto compreenderem que se trata de um estado de choque.

Então, faz parte do processo de amadurecimento do doente essa primeira fase em que ele esperneia, nega e até se revolta contra sua própria sorte, devendo a família ter paciência e esperar a revolta passar. Isso não significa que devamos ficar de braços cruzados assistindo ao desespero alheio. Ao contrário, por meio de gestos, palavras e atitudes é possível fazer germinar no coração do doente uma semente ainda adormecida, mas que existe em todo filho de Deus: a fé.

Sabemos que toda doença tira das pessoas suas condições normais de vida, mas essa perda, maior ou menor, conforme a gravidade do problema, não pode ser vista de forma negativa, caso contrário o próprio organismo irá interpretar essas atitudes negativas como um espírito derrotista e reagirá com menos eficácia ao tratamento. Justamente por isso, é muito importante a palavra do médico, porque, se o paciente receber a notícia de uma forma jocosa ou irresponsável, ele ficará ainda mais revoltado. Da mesma forma, todas as pessoas que têm contato com o doente, dos auxiliares de enfermagem a familiares e amigos, independentemente de suas crenças, devem aproveitar seu relacionamento com o enfermo para passar a ele uma visão mais ampla e profunda de sua situação.

A fé em Deus, na figura e na missão de Jesus Cristo, assim como o desenvolvimento de valores religiosos podem levar o doente a enxergar o aspecto positivo da enfermidade. Você pode questionar: "Mas se a doença é algo que nos faz mal, como podemos extrair algo de bom dessa experiência?"

Pode parecer uma contradição, mas quando uma pessoa é privada de suas condições normais de vida, ela pode descobrir um outro tipo de saúde que não a física nem a psicológica: a saúde da alma.

É como escreveu Pascal: isso é fazer "bom uso da doença". Santo Agostinho repetia: "Os maus usam mal as coisas boas e os bons usam bem as coisas más." Nesse caso, a doença.

Em suma, a questão não é propriamente a doença, mas como se lida com ela. Se nos unimos à Cruz de Cristo, que assumiu o sofrimento por amor e obediência à vontade de Deus, faremos desse período de sofrimento tempo privilegiado da graça redentora.

Como já expliquei antes, não podemos deixar que a alma também adoeça. Dela emana todo o nosso brilho e vivacidade. É a alma que nos dá a vida. Assim, se soubermos orientar a pessoa doente para que possa perceber a existência de outros valores mais elevados que aqueles temporariamente perdidos, como a saúde física e até o próprio trabalho, do qual ela tem de se ausentar por motivo de força maior, estaremos fazendo um resgate daquilo que o homem tem de mais profundo que é a sua espiritualidade.

Nesse sentido, é importante fazer uma distinção entre enfermidade e doença. A própria Palavra de Deus cita de forma diferenciada os enfermos e os doentes, dando-nos a impressão de que são duas coisas diferentes. E, de fato, são. Entenda-se por "doente" pessoas afetadas por males físicos e que foram curados por Jesus. Entenda-se por "enfermos" aqueles que se sentem abalados no afeto, nas suas crenças e, por vezes, aparecem em conexão com "espíritos imundos". Isso significa que quem está doente fisicamente nem sempre está enfermo espiritualmente. Como sacerdote, costumo dizer: "Está-se doente, mas não se é doente." Por isso, faz parte do ritual da Igreja, ao rezar pelos doentes, reforçar essa distinção por meio das seguintes palavras: "Dai-nos saúde do corpo e livrai-nos das enfermidades da alma."

Seja qual for a doença, se deve sempre afirmar no ser humano a sua dimensão espiritual.

Na verdade, quem está doente tem uma oportunidade de mudança de rota, de rever sua vida. Deus, em sua infinita Sabedoria, sabe o que faz, e se a você ou a algum ente querido foi enviado esse tipo de provação, é preciso que repense seus caminhos, revise seus conceitos, retire o gesso de sua mente. Aqueles que são incapazes de entender a mensagem divina por meio da fé, serão vítimas e não autores de sua história.

A doença não significa culpa, autopunição ou lamentação. Não quer dizer a ausência do amor de Deus, pelo contrário. Ele está ao lado da pessoa que sofre, como diz o salmo: "O Senhor o sustenta no leito de dor, afofa a cama em que ele definha." (Sl 40)

Jesus não prometeu flores sem espinhos, travessias sem acidentes, felicidade sem perdas. Mas prometeu Luz nas trevas, conforto nas lágrimas, afeto nos momentos de desespero. Os santos não foram privados de enfermidades, portanto, não quer dizer que no caminho do Senhor teremos a garantia de uma saúde permanente.

Essa compreensão da doença pela fé cristã, que a mostra como um caminho, uma missão, um estímulo para descobrir novos horizontes, não como uma parada ou interrupção da vida normal, é muito importante, porque a maneira de lidar com a enfermidade exerce influência direta na recuperação e favorece a cura. Assim, é preciso reforçar esse sentido da corredenção com Cristo, de participação na salvação, mostrando ao doente quanto ele próprio pode fazer o bem para as outras pessoas.

A IMPORTÂNCIA DO AMOR

Nos dias de hoje, em que o ser humano se mostra cada vez mais individualista, em que o paciente acaba sendo apenas mais um número nos leitos hospitalares, é muito importante resgatarmos a noção do amor.

Como afirmo sempre em minhas pregações na paróquia e também nos programas de rádio e de TV, a fé precisa ser praticada, estimulada, vivida. Amar é viver a fé em sua plenitude, pois o amor incondicional foi a grande lição deixada pelo Filho de Deus. Ele não impediu as pessoas de abandoná-lo, traí-lo e nem mesmo de negá-lo. Pelo contrário, ofereceu-lhes a outra face e perdoou seus inimigos tantas vezes quantas foram necessárias para nos resgatar do pecado e da morte.

Cristo havia feito o bem para multidões de judeus, mas essas mesmas multidões, beneficiadas por Ele, depois O condenaram e pediram que fosse crucificado. Revolta? Indignação? Não, Cristo aceitou esse sofrimento e converteu a dor em amor ao próximo.

Esse amor contagiou milhões de pessoas ao redor do mundo e nos trouxe até aqui. Então, nunca devemos desistir do exercício da fraternidade porque, mais cedo ou mais tarde, isso irá contagiar o doente que sofre, trazendo-o para a fé e fazendo-o acreditar que Deus é a linha guia de sua vida.

Quando conclamo o exercício da fraternidade, não me refiro apenas ao amor familiar, que tão reconfortante e fortalecedor é para aqueles que padecem, mas também a iniciativas como o trabalho da Pastoral da Saúde, em que se leva a Palavra de Deus, a esperança de um amanhã melhor ou simplesmente um ouvido amigo, pois, muitas vezes, o enfermo quer apenas desabafar e não tem com quem. Essa atividade humanitária faz muita diferença para aqueles que estão fragilizados, acamados, hospitalizados e não contam com a bênção de ter um parente ao seu lado, encontrando na Palavra de Deus a força para seguir em frente.

O novo Catecismo da Igreja Católica nos ensina: "Muita gente não acha o sentido para o domingo ou acha que o domingo é dia de não fazer nada, mas você já conseguiu enxergar o domingo como um dia a se dedicar às boas obras, principalmente aos doentes que carecem? Nós, cristãos, santificaremos ainda mais o domingo quando dispensarmos aos doentes o tempo de que necessitam. O domingo é santificado e as boas obras, como a caridade aos doentes, o fazem ser mais santo e nos santifica." (CIC 2186)

O SOFRIMENTO QUE PURIFICA, REDIME E SANTIFICA

Somente a fé é capaz de fazer o doente começar a enxergar sua enfermidade por um outro ponto de vista e entender que essa condição pode, sim, ser purificadora, redentora e santificadora.

Purificadora porque, ao constatar a fragilidade de sua própria vida, a pessoa se purifica de suas vaidades, da soberba, da autoconfiança e também de um tipo de idolatria muito comum nos dias de hoje por parte daqueles que querem ocupar o lugar do Criador e esquecem que são apenas criaturas.

Redentora sempre que, como diz São Paulo, colocamos nosso sofrimento na Cruz de Cristo, fazendo disso um prolongamento da Paixão na nossa vida e nos redimimos de todo o mal.

Santificadora, sim, pois nenhuma dor é sem valor perante Deus e a doença santifica as famílias enquanto as faz rever suas desavenças e as une.

No Antigo Testamento, a doença era tida como castigo. Nele, o homem vivia sua enfermidade e se queixava dela diante de Deus como um fardo, uma punição por seus desmandos, e implorava pela cura (CIC 1502). Então, veio o Novo Testamento, a nossa

Bíblia Sagrada, e mostrou que os bons também podem sofrer, pois isso não é vergonha alguma. Primeiro com Jó, um homem reto e justo que sofreu muito (Jó 9,1ss). Depois, com o próprio exemplo de Jesus, que foi crucificado, mas ressuscitou e está à direita de Deus, intercedendo por todos nós (Rm 8,34).

Faço questão de partilhar uma experiência que tive ao ser chamado para ministrar a unção dos enfermos em uma senhora, uma verdadeira santa vivente, que, no entanto, enfrentava problemas com a desunião da família. Seu filho me perguntou: "Por que sofre tanto? O que ela está pagando?"

A resposta me veio nítida, num lampejo do Espírito Santo: "Ela não paga pelos pecados que cometeu, pois é santa. Está vivendo tudo isso para que vocês se unam. O sofrimento dela veio pela natureza, mas o fruto desse sofrimento é a sua conversão."

Lembremo-nos ainda de que Jesus dizia ter vindo em socorro dos doentes e continua velando por eles por meio de sua Palavra viva nas orações e nos sacramentos. Um deles, o Sacramento da Unção dos Enfermos, citado na Carta de São Tiago, é um poderoso bálsamo e agente de cura que deve fazer parte do repertório daqueles que oram pelos enfermos.

Confira:

"Está alguém enfermo? Chame os sacerdotes da Igreja, e estes façam oração sobre ele, ungindo-o com óleo em nome do Senhor. A oração da fé salvará o enfermo e o Senhor o restabelecerá. Se ele cometeu pecados, ser-lhe-ão perdoados."

Infelizmente, a palavra unção é confundida com a expressão "extrema-unção", gerando uma interpretação errada segundo a qual se aplicaria apenas aos casos de doentes desenganados, que estão à beira da morte, e toda sorte de superstições. Não, meu filho e minha filha, a Unção dos Enfermos é um poderoso instrumento de cura pela fé, sendo lamentável que recorramos tão pouco a esse Sacramento para ajudar nossos enfermos.

O SENTIDO DE NOSSA MISSÃO

É verdade que a decepção, a frustração proveniente da não eficácia do tratamento e o encaminhamento do quadro para um estado terminal causam no doente um abalo muito forte e ele pode até perder a fé. É normal que isso aconteça e, assim como o estágio inicial de revolta, também não devemos nos surpreender com esses momentos de amargura diante da proximidade da morte, quando as forças físicas não mais serão recuperadas.

Deus é o primeiro que compreende essa reação e nós também devemos relevar, porém jamais esmorecer. Temos de continuar pedindo a Ele em nome do doente, para que o conforte, console e o ajude a reencontrar sua fé. Que nosso Senhor lance seu olhar paterno sobre ele, para que encontre aquilo que ainda está presente, mas foi obscurecido pela reação de contrariedade.

Deus concede a fé como um dom exclusivo Dele, que vem à tona quando as pessoas são tratadas com afeto e atenção. Cristo, em sua comunidade, soube levar as pessoas por um caminho de fé, porque incentivou nelas o amor, a caridade, o acolhimento, a compreensão, o companheirismo e a amizade. Até mesmo o centurião, aquele soldado romano que não tinha fé, quando viu Cristo agonizando, teve um gesto de entrega total e se converteu (Lc 23,47). O mesmo ocorreu com o bom ladrão (Lc 23,40-41).

Assim, temos de orar para que o Senhor Jesus — Ele que tomou sobre si nossas dores, Ele que, em muitas tardes, certamente cansado, exausto em suas forças, encontrou disposição para atender os enfermos e curá-los — abra um caminho de esperança para essas pessoas decepcionadas pela terminalidade de sua vida. Os Evangelhos relatam vários momentos em que Jesus acolheu, atendeu, socorreu e curou os doentes. Às vezes, eram levados a Ele ao entardecer (Mc 1,32-34); em outras passagens, pediam que Ele fosse até a casa do enfermo, como fez o oficial que pediu a cura do filho prestes a morrer (Jo 4,46-53). Vale lembrar ainda a intervenção de Jesus na casa de Pedro, que resultou na santa cura da sogra do apóstolo (Mt 8,14-15). Sem dúvida, Jesus se desdobrou em misericórdia para com os doentes.

Esse exemplo deixado pelo Mestre deve ajudar familiares doentes a resgatar sua fé e também motivar a nós, que estamos gozando de boa saúde, a vivermos o momento presente valorizando a vida. E, se um dia a doença chegar, que saibamos associá-la à Cruz e à Paixão de Cristo e encontremos, pela fé, o sentido de nossa missão.

Oração pelos enfermos

Jesus, que dissestes "Eu vim para que todos tenham vida e a tenham em plenitude", confiantes em Vossa palavra nos colocamos em oração pelos que sofrem por alguma doença ou enfermidade.

Pedimos a graça de cura das doenças do corpo e das enfermidades da alma.

Fortalecei os doentes e os enfermos na esperança. Aumentai neles a paciência e a confiança.

Senhor, que passastes pelo mundo fazendo o bem, curando doentes e enfermos, e restituindo a saúde a todos que o procuravam, de modo particular rezo por este(s) que necessita(m).

(diga o nome...)

Confortai-o(s) com Vossa graça e dai-lhe(s) forças para que não desanime(m) pelo mal que sofre(m), mas que possa(m) oferecer a dor e o sofrimento para santificação de seus familiares.

Que possa(m) receber dos familiares a ajuda e o carinho de que tanto necessita(m).

Revelai com sabedoria aos médicos as curas para os males.

Dai aos cuidadores dos doentes e enfermos paciência e zelo para neles verem o próprio Cristo padecente.

Rezo por aqueles que não conseguem tratamento e remédios adequados por não terem condições financeiras. Que a saúde pública seja uma das prioridades sociais.

Para mim, peço a graça de, quando provado pela doença, tenha fé suficiente para carregar minha cruz como fizestes no caminho do calvário.

Senhor, dai saúde aos doentes e consolo aos desamparados.

Nossa Senhora das Dores, rogai pelos doentes.

Nossa Senhora das Dores, rogai pelos doentes.

Nossa Senhora das Dores, rogai pelos doentes.

Amém.

TESTEMUNHO

Padre Reginaldo, sua bênção.

Quero testemunhar e relatar o que aconteceu com minha prima.

Ela já fez três cirurgias para retirada de nódulos nos seios.

Ao fazer o autoexame, sentiu novamente uns caroços e dores, então, resolveu ir ao médico. Fez exames e foram diagnosticados vários nódulos nas duas mamas.

Ela se desesperou, entrou em depressão, chorava dia e noite.

Conversei com ela e pedi que acompanhasse suas orações, mas ela me disse que estava perdendo a fé e queria morrer. Então, eu dobrei os joelhos, supliquei a Deus por ela.

Todos os dias, colocava água para o senhor abençoar, depois levava para ela passar nos seios. E o grande milagre aconteceu! As dores e as bolhas sumiram.

Ela, que não acreditava que Deus pudesse curá-la, hoje é fiel a Ele, a Jesus e a Nossa Senhora. Acompanha e faz as orações todos os dias com o senhor, Padre. Espero que todos que tomem conhecimento deste testemunho acreditem que Deus jamais nos abandona.

Obrigada, Senhor, pela graça recebida!

Marinna e Aparecida de Jesus
(Guaiúba – CE)

9

Como recuperar a autoestima e a autoconfiança perdidas?

Tem dias em que nos sentimos desanimados, mais cansados que o habitual, tomados por uma falta momentânea de alegria, coragem e energia. Esses momentos são comuns na trajetória de todos nós, afinal, a vida é feita de altos e baixos e nem todos os dias estamos dispostos a construir castelos no ar.

O problema surge quando essa tristeza ou esse tédio tem uma razão mais profunda, relacionada à maneira como enxergamos a nós mesmos e ao sentido que estamos dando à nossa vida. A esta altura, você já deve ter percebido que estou falando sobre autoestima.

Quando dizemos que estimamos uma pessoa, significa que temos afeição, respeito e admiração por ela. Autoestima é ter esse sentimento por si mesmo. Portanto, uma pessoa que tem baixa autoestima é alguém que se deprecia, não se respeita nem se valoriza. Por não acreditar no próprio potencial, também não possui autoconfiança e acaba se escondendo da vida, achando que não é capaz. Quando não gostamos de alguém, normalmente não fazemos nada por essa pessoa; se não gostamos de nós mesmos, agimos da mesma forma conosco. Às vezes, fazendo algo ainda pior: nos transformamos em nosso pior inimigo.

A baixa autoestima pode afetar seriamente a vida de uma pessoa. Na prática, ela acaba buscando fora de si aquilo que lhe falta, geralmente de uma forma também depreciativa, como se sua felicidade dependesse da aprovação dos outros. Diz "sim" para tudo, está sempre cedendo e abrindo mão dos seus desejos para agradar aos outros, porque busca neles o amor que não tem por si mesma. Tenta ser agradável o tempo todo para se sentir aceita e, assim, vai se anulando e deixando que estabeleçam regras em sua vida. Como não confia em si mesma, delega a quem está mais próximo a tarefa de determinar o que deve fazer e sentir. É como se quisesse compensar o mal que causa a si mesma fazendo tudo pelas outras pessoas. Mesmo assim, acaba sendo rejeitada, porque logo todos percebem que está sendo movida por outra intenção.

Nunca devemos confundir esse tipo de comportamento com altruísmo, que para o Cristianismo é um grande valor. Jesus chama a atenção para isso no texto em que recomenda lavar o rosto e perfumar a cabeça com óleo ao jejuarmos, para que ninguém se dê conta, dividindo esse segredo apenas com nosso Pai, que nos recompensará (Mt 6,17-18). Assim também, em caso de caridade, Ele ensina: "Quando deres esmola, que tua mão esquerda não saiba o que fez a direita" (Mt 6,3). Perceba que a verdadeira motivação de servir nada tem a ver com a postura de quem ajuda os outros por egoísmo, seja para se autopromover, seja para depois cobrar algo em troca.

Padre Vieira dizia: "Há pessoas que são como velas, consomem-se iluminando os outros." Parafraseando: Há pessoas que são como velas, consomem-se no fogo do seu próprio egoísmo. Em sentido contrário, isso é falta de perspectiva e de fé na vida.

Os problemas com autoestima e autoconfiança podem evoluir para um quadro mais grave quando a pessoa passa a se agredir, por exemplo, fazendo uso abusivo de substâncias químicas. Se a pessoa não gosta de si mesma, também não se cuida, então é muito provável que opte por um caminho autodestrutivo, consumindo bebidas, cigarros, drogas ou se colocando em situações de risco, geralmente violentas, pois, a seu ver, é um verdadeiro zero à esquerda e não serve para nada. Sua intenção é prejudicar-se cada vez mais.

Fazer de tudo para chamar a atenção dos outros também é um sintoma de baixa autoestima que pode agravar-se com o tempo. Recentemente, a mãe de um garoto considerado hiperativo pediu minha orientação. Eu lhe disse: "A senhora tem certeza desse diagnóstico? Será que seu filho não está querendo chamar sua atenção por precisar de mais amor?"

Às vezes, o problema está camuflado e se apresenta de outra forma. Quando não entendem, as pessoas logo transferem isso para o universo do "sobrenatural", alegando que se trata de "encosto" ou algo assim. É muito cômodo, numa crise de baixa autoestima, atribuir a culpa à incorporação de um espírito ruim. Não que o mal não exista, mas a pessoa pode estar assumindo um comportamento que agride o senso religioso daqueles que estão à sua volta justamente para chamar a atenção. Se a família não gosta de determinada crença, a pessoa investe nesse caminho; se tem medo de influências espirituais, começa a senti-las. No fundo, está procurando códigos para expressar aquilo que não consegue verbalizar: "Eu preciso sentir que sou amada."

NA ESCURIDÃO, É PRECISO ACENDER A LUZ

Diante de tantos sintomas negativos, a psicologia fala em depressão, um problema tão grande nos dias de hoje que trataremos do assunto, propriamente, num próximo livro.

Do ponto de vista da espiritualidade, usamos o termo prostração. Diferenças à parte, é importante entendermos que não existe uma única resposta — a ciência ajuda a fé, a fé ajuda a ciência.

Para alcançar a cura, é necessário contar com a colaboração de várias mãos. Nós esperamos, às vezes, a intervenção de Deus de forma muito direta e nos esquecemos de que Ele se vale, e sempre se valeu, daquilo que nos revela. A medicina, por exemplo, é uma das formas de intervenção de Deus, assim como a ciência e todas as descobertas nessa área. Mas isso não significa que Ele também não possa agir de forma imediata.

Uma verdade nos ilumina como uma luz e deve ser o ponto de partida para todas as nossas reflexões: Deus nos amou primeiro (1Jo 4,19), ou seja, antes de qualquer coisa, somos amados por Deus.

Com base nessa verdade, São Paulo diz: "Somos escolhidos e adotados por Deus, porque Ele nos ama" (Ef 1,4-5). Em outras palavras, somos justificados e declarados retos aos olhos de Deus, porque Ele nos ama; somos perdoados por Deus, porque Ele nos ama (Rm 5,1).

Podemos ser desprezados por outras pessoas, dar respostas agressivas e provocar, ser pecadores e até estarmos fracos na fé, mas Deus não deixará de velar por nós, porque Ele é amor. Se o mundo não nos compreende, o que pode ser uma realidade, Deus nunca vai deixar de nos amar profundamente.

Por outro lado, não podemos nos esquecer de um ponto importante: somos herdeiros de Deus e co-herdeiros com Cristo, chamados a cumprir seus propósitos (Rm 8,16-17). Mas, tudo isso, igualmente porque Ele nos amou primeiro.

O recado enviado por Deus por meio da Primeira Epístola do apóstolo São Paulo aos Coríntios é claro: cada um tem de saber lidar com suas limitações. "Irmãos, olhai quem foi chamado entre vós. Pois não há muitos sábios segundo a carne, nem muitos poderosos, nem muitos nobres. Antes, o que o mundo julga estulto, Deus escolheu para conferir os sábios, e o que o mundo julga fraco, Deus escolheu para confundir os fortes; e o vil e o desprezível aos olhos do mundo, o que não é nada, Deus escolheu para destruir o que é, para que nenhum mortal se glorie diante de Deus" (1Cor 1,26-29).

Então, como recuperar a autoestima?

Sabendo que somos filhos de Deus!

Não somos seres órfãos. Nós temos um Pai que nos ama, sabe de nossas fragilidades e, justamente por isso, nos manda a sabedoria e nos capacita para que possamos superá-las.

À primeira vista, a vida pode parecer muito difícil, mas quando a olhamos de perto, vencendo um obstáculo por vez, dia após dia, a visão muda. Há um pensamento atribuído a São Francisco de Assis que expressa isso: "Comece fazendo o que é necessário, depois o que é possível e, de repente, você estará fazendo o que é impossível."

BÁLSAMOS QUE CURAM, SUSTENTAM E IMPULSIONAM

O autoconhecimento é um dos caminhos para recuperar a autoestima e a autoconfiança, porque somente amamos e confiamos em quem conhecemos. Se, na rua, nos apontam uma pessoa desconhecida e nos perguntam se a amamos ou confiamos nela, é difícil dizer que sim, pois não sabemos quem ela é.

Então pare, reflita e analise seu comportamento e suas ações: Quais são suas fraquezas? Onde está sua força? Quanto vale sua dignidade? Esse é um exercício interessante, porque nos ajuda a reconhecer falhas e erros e a respeitar nossos próprios limites, mas também nos revela qualidades e potencialidades das quais muitas vezes nem temos consciência, fazendo desabrochar o que há de melhor em nós mesmos.

Outro ponto muito importante para resgatar o prazer de ser quem se é e estar onde se está é sentir-se amado por Deus e, depois, pela família, mas não aquele sentimento cheio de ressalvas e sim um amor incondicional. Dizer para uma pessoa que ela é amada apesar de seus defeitos é o mesmo que declarar "Eu te amo, mas não gosto do seu jeito", sugerindo que ela está sendo avaliada, quando, na verdade, segundo São Paulo, o verdadeiro amor é paciente, acolhedor, capaz de suportar e perdoar (1Cor 13,7).

Existe um princípio básico de acordo com o qual ninguém dá aquilo que não tem, por isso Madre Teresa de Calcutá nos chama a atenção: "Não devemos permitir que alguém saia de nossa presença sem se sentir melhor e mais feliz."

Contar com o apoio da família e dos amigos faz grande diferença para quem se encontra com a autoestima e a autoconfiança baixas. Contudo, infelizmente, é muito comum vermos essa pessoa cercada por outras que fazem questão de reforçar seu lado negativo, fazendo-a se sentir pior, como se não tivesse o direito de ser feliz. Sabe aquela história de se transformar em seu pior inimigo? Por não se dar o devido valor, sempre busca relacionamentos que lhe fazem mal, com parceiros que não perdem a chance de reforçar a sensação de que nasceu para ser diminuída e até agredida.

Costumo dizer que o mais importante não é saber se aconselhar, mas em quem buscar o conselho. Por isso, cuidado nunca é demais ao escolhermos as pessoas com quem nos relacionamos.

Não se trata de viver em uma "redoma de vidro", mas de procurar zonas confortáveis nas quais nos sintamos acolhidos. Essa história de que os opostos se atraem é uma senhora mentira.

Por essa razão, pessoas com baixa autoestima não devem ficar presas num círculo vicioso, buscando, sempre que possível, "arejar", fazer novos contatos. Não é necessário mudar as amizades, mas estar aberto ao novo, variar as conversas, o estilo da roupa, o corte de cabelo. São gestos simples que podem trazer benefícios.

Os ensinamentos da literatura cristã também podem ajudar, assim como os chamados livros de autoajuda, quando bem escolhidos, até porque eles atendem a uma necessidade natural que as pessoas têm de estarem bem consigo mesmas e solucionarem seus problemas por conta própria. Mas atenção: sozinho, livro nenhum fará milagre!

É preciso que a pessoa tenha maturidade afetiva, consiga absorver aqueles conselhos e os coloque em prática. De nada adianta comprar cinco, dez, 15 livros ou montar uma biblioteca de boas obras de autoajuda em casa se continuar agindo da mesma forma e não fizer nada para mudar seu estilo. Evidentemente, há casos mais drásticos em que a pessoa não muda porque realmente não tem condições emocionais. Sempre que deparamos com alguém assim, nosso papel é encorajá-lo para que busque ajuda profissional, a fim de superar o problema e passar a levar uma vida saudável, melhorando sua estima e a confiança em si.

Na condição de padre, não posso deixar de lembrar que mais importante do que qualquer ajuda externa é a motivação interior por meio da fé, que renova as esperanças, transforma defeitos em virtudes e permite superar limites para levar uma vida repleta de graça. Somente o amor de Jesus a tudo suporta, a tudo preenche e a tudo cura, incluindo as lembranças negativas, como situações em que nos sentimos desamparados, rejeitados, ignorados.

No Seu amor, nos sentimos seguros, confiantes, amados e fortalecidos para não recuar diante dos obstáculos e avançar. Esse amor da entrega total foi provado na cruz e está presente em cada um de nós.

ORAÇÃO PARA A RECUPERAÇÃO DA AUTOESTIMA E DA AUTOCONFIANÇA

Deus Pai, louvado seja o Vosso amor para comigo e a ternura com que me acolhe e me mostra a Vossa ternura de Pai.

Aba Pai, Pai eterno, Pai querido, Pai de amor.

Como é bom saber que sou Vosso filho, Senhor, e que me criaste à Vossa imagem e semelhança!

Como é bom saber que tenho a Vossa presença em todos os momentos da vida.

Afastai de mim todo sentimento ruim, principalmente os sentimentos de desânimo, frustração e desgosto.

Fazei com que meus sentimentos sejam de alegria, esperança e autoconfiança, para que, assim, eu possa irradiar a todos a pertença a Vós, meu Pai.

Enchei-me, Senhor, com a Vossa paz, com o Vosso amor e a Vossa alegria.

Inspirai-me pensamentos que edifiquem e ações que construam.

Fazei com que todas as minhas opções e decisões levem-me à felicidade plena.

É tão mais fácil viver cada dia com Vosso carinho, Pai.

Obrigado, Pai, pela minha vida.

Obrigado por ser meu Pai.

Amém.

TESTEMUNHO

Padre Reginaldo,

Quero partilhar e testemunhar o que aconteceu na minha vida.

Eu havia esquecido que Deus existe, estava com tantos problemas que não sabia qual resolver primeiro. Meu trabalho ia mal, estava com muitas dívidas, não tinha nada bom na minha vida, minha autoestima estava baixa e não sentia vontade de viver, sem contar que fazia uns dez anos que não ia à Igreja.

Então, fui evangelizada por uma amiga e passei a acompanhar seu programa.

Foi quando o senhor falou: "Filha, você que está aí achando que Deus te abandonou, não é verdade, Ele te ama. Vá até a sua Igreja, não precisa ter ninguém lá, a porta deve estar aberta, entre e vá até o Sacrário e diga: 'Senhor, eu estou aqui.'"

Fiz isso, Padre, e foi maravilhoso. Minha vida mudou.

Agora meu jeito de ser, comigo mesma e com minha família, está diferente. Hoje, tenho ânimo, passei a me valorizar, sou feliz, bem-humorada e aprendi a agradecer a Deus por todas as coisas que Ele me dá, todos os dias.

Anali
(Maringá – PR)

10

Como encarar a morte e superar a dor do luto?

Se há uma certeza na vida, é a de que nascemos, vivemos e morremos. Justamente por isso, a dor do luto é inevitável, principalmente quando amamos a pessoa que partiu.

Mas até que ponto podemos temer e sofrer com isso?

Sem dúvida, a morte nos assusta, intimida e faz com que, constantemente, reflitamos sobre a fragilidade da condição humana. Não raro, nos momentos de perda, especialmente aquelas mais inesperadas, ouvimos alguém dizer: "Nós não somos nada." O desespero e a melancolia são plenamente justificáveis para quem encara a morte como o fim de tudo. Da mesma forma, se entendermos o último suspiro aqui na Terra como a extinção da identidade de uma pessoa, todos os nossos conceitos e valores universais caem por terra. Tudo é permitido.

O filósofo alemão Martin Heidegger reforça essa ideia de que possuímos um começo e um fim quando afirma que o ser humano é um "ser que caminha para a morte", e sua angústia resulta da consciência de que um dia tudo irá acabar. As religiões, por sua vez, procuram trazer um sentido não apenas para a vida, mas também para a morte e o pós-morte. Mais à frente, darei mais detalhes sobre a visão cristã da morte, que, basicamente, se resume numa palavra: ressurreição.

Por enquanto, gostaria de, sem desprezar as outras civilizações e religiões, citar a cultura egípcia, que nos traz muitos ensinamentos. Um dos povos mais antigos da história da humanidade, os egípcios já existiam havia mais ou menos três mil anos antes de Cristo. Tinham uma cultura tão forte e desenvolvida, com progressos notáveis nas artes, na arquitetura e na construção civil, além de algumas ciências, que, ainda, e por muitos anos, haverá estudiosos se debruçando sobre seu legado.

Para os egípcios, a morte apenas separava o corpo da alma, e a própria técnica de mumificação dos faraós e outros nobres era um culto à eternidade. Nesse processo, chegavam a retirar o coração e guardá-lo numa ânfora (vaso de cerâmica), separando-o do sarcófago e da ânfora destinada às vísceras, pois acreditavam que o coração seria pesado numa balança, a qual tinha como contrapeso uma pluma. Caso o coração fosse impuro e, portanto, mais pesado que a pluma, o deus Anúbis, retratado pela imagem de um chacal (animal que tem o hábito de desenterrar ossos), o devoraria, impossibilitando-o, assim, de voltar à vida. Vale a pena procurar o registro desse ritual nos papiros e nas inscrições dos templos egípcios; se não puder ir até aquele país, é possível encontrar boas reproduções na internet.

Outro aspecto interessante eram as máscaras feitas para os mortos, às vezes de ouro, quando se tratava dos faraós, ou de outro material, para os cidadãos comuns. Na verdade, elas haviam sido criadas para atender a uma crença de que o espírito da pessoa morta, ao regressar, conseguiria reconhecer, por meio da máscara, o corpo a ser reanimado.

Movido por minha curiosidade de conhecer mais a fundo essa cultura apaixonante, certa vez, diante de um especialista em civilização egípcia, conhecido como egiptologista, perguntei a ele: "O que levou essa civilização a praticamente desaparecer?"

Com muita paciência e autoridade, o estudioso mencionou diversos motivos. Algo, porém, me marcou e quero partilhar com você. Segundo ele, um dos aspectos foi o não cumprimento da promessa de que os faraós, tidos como filhos diretos dos deuses, um dia voltariam do mundo dos mortos. Não é à toa que, na porta dos templos e nas necrópoles (vales onde eram sepultados reis, rainhas, príncipes e princesas), esculpia-se a figura do morto no auge de sua juventude e beleza, sempre com a perna correspondente ao lado do coração para a frente, como quem está chegando. A não realização da ressurreição, portanto, acabou minando a cultura e a religião egípcias e levou à sua extinção.

Conto isso para dar peso à palavra de São Paulo, quando afirma que, se Cristo houvesse terminado na cruz, vã seria a nossa fé. Mas o sepulcro estava vazio (confira Jo 20,1-10), porque nosso Salvador ressuscitou!

Jesus venceu a morte e nos abriu as portas da eternidade, portas essas abertas pela chave cujo portador é o próprio Cristo Jesus.

O ponto de partida para encararmos a morte é, portanto, justamente o exemplo de nosso Senhor Jesus Cristo, que já a venceu. A fé em sua ressurreição e na continuidade da vida após a morte é fundamental, tanto para nossa própria experiência de finitude quanto para vivermos o luto de quem já se foi.

OLHANDO PARA A MORTE COMO UM CRISTÃO

A vida é um dom de Deus, porém estamos de passagem neste mundo e, a qualquer momento, podemos perder alguém querido, alguém que amamos. Para enfrentar esse momento difícil, é preciso olhar para ele valorizando a vida, ou seja, enxergar a morte como uma oportunidade de encontrarmos a eternidade com Deus.

A boa notícia é que Jesus nos garantiu que é da vontade do Pai que não se perca nenhum daqueles que vieram até Ele, e todos os que Nele creem terão vida eterna e ressuscitarão no último dia:

"Tudo o que o Pai me dá virá a mim; e o que vem a mim de maneira nenhuma o lançarei fora. Porque eu desci do Céu, não para fazer a minha vontade, mas a vontade daquele que me enviou. E a vontade do Pai que me enviou é esta: Que nenhum de todos aqueles que me deu se perca, mas que o ressuscite no último dia. Porquanto a vontade daquele que me enviou é esta: Que todo aquele que vê o Filho, e crê nele, tenha a vida eterna; e eu o ressuscitarei no último dia" (Jo 6,37-40).

Se pensarmos dessa forma, entenderemos que "a vida não nos é tirada, mas transformada", como se diz na missa dos fiéis defuntos.

Assim como a semente que, ao cair na terra, morre, mas, logo em seguida, gera uma nova vida, a morte como a conhecemos é a passagem para a ressurreição, a nova vida em Cristo.

O fundamento para nossa fé em torno da nova vida que começa após a morte está na ressurreição de Jesus Cristo. Este é o ponto principal de tudo: Jesus venceu a morte e ressuscitou, descartando completamente qualquer ideia de reencarnação.

Deus ressuscitou seu Filho Jesus, como deixa claro São Pedro: "Bendito seja Deus, o Pai de nosso Senhor Jesus Cristo! Na sua grande misericórdia Ele nos fez renascer pela ressurreição de Jesus Cristo dentre os mortos para uma viva esperança, para uma herança incorruptível, incontaminável e imarcescível, reservada para vós nos Céus; para vós que sois guardados pelo poder de Deus, por causa da vossa fé, para a salvação que está pronta para se manifestar nos últimos tempos" (1Pd 1,3-5).

O LADO ENSOLARADO E O LADO ESCURO DA MORTE: CÉU, PURGATÓRIO E INFERNO

O Catecismo da Igreja Católica tem como referências básicas a Bíblia e o Magistério da Igreja.

Como sabemos, a Bíblia é a Sagrada Escritura, a principal fonte de referência para conhecermos os caminhos da fé. Como afirmam os Santos Padres Santo Ambrósio e São Jerônimo, "ler a Escritura é conversar com Deus".

O Magistério da Igreja tem a missão de ensinar em nome de Jesus Cristo, tendo sido exercido, num primeiro momento, pelos Apóstolos e, posteriormente (até hoje), pelo Santo Padre, o Papa, bem como pelos bispos e padres.

Tanto a Bíblia quanto o Magistério da Igreja apresentam uma visão positiva sobre a morte. A oração do Credo, por exemplo, diz claramente: "Creio na ressurreição dos mortos...", enquanto o Catecismo afirma: "Cada homem, em sua alma imortal, recebe sua retribuição eterna a partir de sua morte, em um Juízo Particular feito por Cristo, juiz dos vivos e dos mortos" (CIC 1051).

Durante o chamado Juízo Particular, que ocorre na hora da morte, a vida passa como um filme diante de nós.

Ninguém sabe o tempo exato — pode ser uma fração de segundos —, mas o fato é que a vida passa diante de nossos olhos. E, nesse momento, a pessoa vê toda a sua vida sob a luz da Verdade, que é Cristo, enxergando claramente quais os frutos do seu livre-arbítrio.

Continua o Catecismo da Igreja Católica: "Cada homem recebe em sua alma imortal a retribuição eterna a partir do momento da morte, num Juízo Particular que coloca sua vida em relação à vida de Cristo, seja através de uma purificação, seja para entrar de imediato na felicidade do Céu, seja para condenar-se de imediato para sempre" (CIC 1022).

Isso significa que, imediatamente após a morte, a alma já tem seu destino eterno definido: o Céu, para aqueles que morreram em estado de graça, como Nossa Senhora e os santos; o Purgatório, para aqueles que estão destinados ao Céu, mas, antes, precisam passar por uma purificação; e o Inferno, para os que não aceitam a salvação oferecida por Deus.

Evidentemente, meu filho e minha filha, o Céu é o anseio último de toda alma. O ser humano foi feito para estar com Deus, então o Céu é o estado de profunda comunhão com nosso Pai. Jesus garante que na casa do Pai há muitas moradas e nosso lugar está reservado (Jo 14,2).

Já o Purgatório não é propriamente um lugar, mas um período de purificação das almas após a morte. Nosso Catecismo ensina: "Aqueles que morrem na graça e na amizade de Deus, mas imperfeitamente purificados, estão certos da sua salvação eterna, todavia sofrem uma purificação após a morte, a fim de obter a santidade necessária para entrar na alegria do Céu" (CIC 1030).

A Igreja chama Purgatório a essa purificação final dos eleitos que é absolutamente distinta do castigo dos condenados (CIC 1031). Biblicamente, a crença na existência do Purgatório aparece tanto no Antigo Testamento, em 2Macabeus 12, 39-46, quanto no Novo Testamento (Mt 12,31; Lc 12,45-48/58-59). Uma referência que também ajuda a compreender melhor o sentido de Purgatório está nos textos da Primeira Carta de São Pedro: "Pois também Cristo morreu uma vez pelos nossos pecados — o Justo pelos injustos — para nos conduzir a Deus. Padeceu a morte em sua carne, mas foi vivificado quanto ao espírito. É neste mesmo espírito que ele foi pregar aos espíritos que eram detidos no cárcere, àqueles que outrora, nos dias de Noé, tinham sido rebeldes, pois para isto foi o Evangelho pregado também aos mortos; para que, embora sejam condenados em sua humanidade de carne, vivam segundo Deus quanto ao espírito" (1Pd 3,8-19; 4,6).

Outras referências são:

1Cor 3,12-15: "O fogo comprovará o que vale a obra de cada um."

Mc 9, 49: "Cada um será salgado com fogo."

Jo 13,10: "Quem se banhou, só necessita lavar os pés."

O purgatório é exigência de santidade para comungar com o Três-vezes-Santo (cf. Is 33,14-15; Sl 15; Mt 5,8: "Felizes os puros de coração, porque verão a Deus").

São Gregório Magno, Papa e doutor da Igreja, também comentou a respeito da existência do Purgatório: "No que concerne a certas faltas leves, deve-se crer que existe antes do juízo um fogo purificador, segundo o que afirma Aquele que é a Verdade, dizendo que se alguém tiver cometido uma blasfêmia contra o Espírito Santo, não lhe será perdoada nem no presente século nem no século futuro (Mt 12,31). Desta afirmação podemos deduzir que certas faltas podem ser perdoadas no século presente, ao passo que outras, no século futuro" (Dial. 41,3).

São Josemaria Escrivá, por sua vez, diz: "O Purgatório é uma misericórdia de Deus, para limpar os defeitos dos que desejam identificar-se com Ele" (Sulco, 889).

Em síntese, o Purgatório é o destino daquelas almas que, na hora da morte, no Juízo Particular, não romperam com Deus, mas ainda necessitam ser purificadas para conseguirem entrar no Reino dos Céus.

E quanto ao Inferno, será que ele existe?

Sim, começa aqui e vai além, mas lembremos que Deus não condena ninguém ao Inferno. O Inferno é, antes, uma autoexclusão da Graça, de única e exclusiva responsabilidade da pessoa que, no uso do seu livre-arbítrio, rompeu com Deus em pecado grave e insistiu nessa conduta.

SOMOS MAIORES DO QUE A MORTE

Desde os primeiros tempos, a Igreja honrou a memória dos defuntos e ofereceu orações em seu favor, em especial o sacrifício eucarístico, para que, uma vez purificados, eles possam chegar à visão beatífica de Deus. Além disso, também recomenda as esmolas, as indulgências e as obras de penitência em favor dos defuntos (CIC 1032).

A respeito da oração pelos mortos, a Sagrada Escritura diz: "Eis por que ele [Judas Macabeu] mandou oferecer esse sacrifício expiatório pelos que haviam morrido, a fim de que fossem absolvidos de seu pecado." (2Mac 12,46) O Didaqué, ou Doutrina dos 12 Apóstolos, dos documentos mais antigos da Igreja, depois do Novo Testamento, também é categórico: "Ao fazerdes as vossas comemorações, reuni-vos, lede as Sagradas Escrituras... tanto em vossas assembleias quanto nos cemitérios. O pão duro que o pão tiver purificado e que a invocação tiver santificado, oferecei-o orando pelos mortos."

João Paulo II, por sua vez, nos ensinou: "Orando pelos mortos, a Igreja contempla, antes de tudo, o mistério da Ressurreição de Cristo que nos obtém a vida eterna."

Como razão por que devemos rezar pelos mortos, volto a lembrar o texto de Mateus, já citado neste capítulo, no qual Jesus deixa claro que pecados cometidos em vida podem ser purificados num tempo posterior. É daí que vem o sentido de mandar rezar missas, pois, assim, podemos adiantar o estado de purificação de quem está no Purgatório. Já aqueles que se encontram no Céu, em companhia do Senhor, estão suficientemente cobertos de bênçãos; quanto aos que foram para o Inferno, não há mais o que fazer de nossa parte.

Há um belo texto da Lumen Gentium nº 49 que vale a pena citar e é pouco conhecido: "Pois, todos os que são de Cristo, tendo o seu Espírito, formam uma só Igreja e nele estão unidos entre si (cf. Ef 4,16). Por isso, a união dos que estão na terra com os irmãos que adormeceram na paz de Cristo de maneira nenhuma se interrompe; pelo contrário, segundo a fé constante da Igreja, reforça-se pela comunicação dos bens espirituais."

Termino esclarecendo que a morte nunca foi vontade de Deus e somente passou a fazer parte do mundo depois do pecado original. Desde então, nossa fragilidade nos faz acreditar nela e temê-la, gerando reações negativas como tristeza, amargura e desânimo. Mas isso não é de Deus.

Assim como ressuscitou Seu Filho após o terem levado para a morte, Ele não nos chama apenas para a salvação, ou para o Céu, ou para receber o Seu perdão. No Seu plano eterno, somos chamados para sermos santos como Ele é santo: "...segundo é santo Aquele que vos chamou, tornai-vos santos também vós mesmos em todo o vosso procedimento, porque escrito está: Sede santos, porque Eu Sou santo" (1Pe 1,15-16).

No português mais simples, isso significa que está escrito, registrado, determinado de uma vez por todas: Deus nos fez para sermos puros e irrepreensíveis de coração e vivermos para sempre com Ele!

A SABEDORIA DA ENTREGA

Uma mulher de 52 anos, que havia ficado viúva após 28 anos de casamento, procurou-me porque não conseguia aceitar a morte repentina do marido. Para ela, a vida perdera, literalmente, o sentido. Não se alimentava, dormia mal, fazia um esforço sobre-humano para levantar todas as manhãs e mantinha a casa intacta, sem tirar um único móvel do lugar. Só que o marido havia morrido três anos antes! Uma das frases que ela disse e mais me impressionou foi: "Padre, o senhor abençoou as nossas bodas de prata, lembra-se? Mas ele morreu, e eu morri junto."

Ela tinha uma personalidade forte e aparentava certa teimosia, por isso tive de ser firme em minhas palavras: "Eu quero e posso te ajudar, mas você terá de ser obediente."

Como esperava, a mulher relutou, embora continuasse a encomendar missas pela alma do falecido. Por mais que eu insistisse que, no seu caso, era preciso fazer um trabalho além das orações, ela continuou fugindo, até que caiu em si e me escutou.

Eu sabia estar diante de um quadro de depressão, pois o luto por um ente querido pode durar, no máximo, um ano, mas acabei surpreendido com o diagnóstico que obtive após submetê-la a uma catequese sobre a morte. Nesses encontros, procurei trazer à tona suas percepções sobre onde estava seu marido, qual a razão por que Deus o havia chamado, e constatei que ela acreditava estar sendo castigada pelo fato de ter feito um aborto alguns anos antes. Encaminhá-la simplesmente a um psicólogo não resolveria, então, como seu diretor espiritual, ordenei que tomasse três atitudes:

Por amor ao marido, pegaria todos os seus pertences pessoais e doaria a uma instituição de caridade situada bem longe de sua cidade.

Por amor ao marido, pintaria as paredes da casa e faria uma nova decoração de móveis e objetos, especialmente no quarto do casal.

Por amor ao marido, em todos os momentos que sua morte lhe viesse à mente, ainda que tomada pela revolta, diria a si mesma: "Senhor, eu Lhe entrego!"

Seu caminho não foi fácil, muitas vezes ela tropeçou, mas acabou entendendo que a forma como nos relacionamos com a morte é a mesma com que nos relacionamos com Deus. Se Ele é tido como vingativo, o castigo é certo e esperado; contudo, ao enxergá-l'O como a expressão máxima do amor, o perdão é definitivo. Quando lhe passei as três tarefas, reforcei a palavra *amor*, justamente porque ela não conseguia se relacionar com um Deus amoroso, capaz de perdoar o que havia feito no passado. Por fim, seu coração se acalmou e ela prosseguiu tocando sua vida com uma carga bem mais leve nas costas.

Fiz questão de mencionar esse exemplo para reforçar a importância de saber lidar com as situações de perda, o que deve ser aprendido desde cedo. Por isso, como sacerdote, sempre oriento as famílias para que não privem as crianças do contato com os velórios. Quando a sociedade retirou esse ritual das casas por uma questão de sanitarismo e os terceirizou, perdemos o contato com a finitude da carne e a libertação da alma. A morte passou a ser vivida como uma ficção, com números e estatísticas, mas sem coerência. Pais que mentem dizendo que o vovô ou a vovó foram viajar ou algo parecido estão privando os filhos de entender sua própria condição e também os desígnios de Deus.

Olhar para a morte numa perspectiva de esperança é valorizar a vida. Em outras palavras, como atesta São Paulo: "Para mim viver é Cristo, morrer é lucro" (Fil 1,21).

Sei que ainda haveria muito mais a dizer de minha parte, mas me dou conta de que, talvez, seja mais produtivo citar as palavras de dois santos com os quais podemos aprender importantes lições sobre a morte. A primeira é Santa Terezinha do Menino Jesus, que, em apenas duas frases, resume a maneira cristã de encarar o ato de morrer. Uma delas é: "O viver é um pequeno espaço entre duas grandes eternidades." A outra, proferida no seu leito de morte, me tocou tanto que a transcrevi no túmulo de um ente querido: "Não morro, entro na vida."

Eis um texto que alguém atribuiu a Santo Agostinho, que nos ilumina e que não ouso comentar, apenas peço que leia e tire suas próprias conclusões:

"A MORTE NÃO É NADA

A morte não é nada. Eu somente passei para o outro lado do Caminho.

Eu sou eu, vocês são vocês. O que eu era para vocês, eu continuarei sendo.

Me deem o nome que vocês sempre me deram, falem comigo como vocês sempre fizeram.

Vocês continuam vivendo no mundo das criaturas, eu estou vivendo no mundo do Criador.

Não utilizem um tom solene ou triste, continuem a rir daquilo que nos fazia rir juntos.

Rezem, sorriam, pensem em mim. Rezem por mim.

Que meu nome seja pronunciado como sempre foi, sem ênfase de nenhum tipo. Sem nenhum traço de sombra ou tristeza.

A vida significa tudo o que ela sempre significou, o fio não foi cortado. Por que eu estaria fora de seus pensamentos, agora que estou apenas fora de suas vistas?

Eu não estou longe, apenas estou do outro lado do Caminho...

Você que aí ficou, siga em frente, a vida continua, linda e bela como sempre foi."

Finalizo recomendando a todos que, nos momentos de perda, em que a dor nos leva a não dormir ou ao desespero, lembrem-se:

1) A morte não é o fim.

2) Rezem, colocando na presença de Deus essa angústia, essa saudade, para que não vire tristeza, mas se torne esperança.

Antes de deixar aqui a última oração deste livro, quero partilhar uma experiência pessoal, não como padre, mas como ser humano, que já teve perdas significativas na vida. Um grande pregador disse num sermão: "No céu, ninguém pertencerá a ninguém, mas reconheceremos quem verdadeiramente amamos."

Ouvir isso me fez muito bem, não apenas pela certeza de que ninguém pertencerá a ninguém, pois quem garante isso é nosso Senhor Jesus Cristo, mas também, e sobretudo, pelo consolo de saber que o verdadeiro amor nos fará estar juntos novamente no céu.

Oração de entrega de um ente querido

Dai-lhes, Senhor, o descanso eterno. Que a luz perpétua os ilumine. Descansem em Paz. Amém.

Dai-lhes, Senhor, o descanso eterno. Que a luz perpétua os ilumine. Descansem em Paz. Amém.

Dai-lhes, Senhor, o descanso eterno. Que a luz perpétua os ilumine. Descansem em Paz. Amém.

Pai eterno, eu Vos ofereço o Sangue Precioso de nosso Senhor Jesus Cristo, para alívio das almas sofredoras que ainda padecem no purgatório.

Suplico a Vós, meu Jesus Cristo, Salvador do mundo, que lhes devolvais a luz perdida.

Peço que todos os Méritos da Paixão e Morte de Jesus, que as lágrimas e as dores de sua Mãe Santíssima, deem alívio às almas do purgatório, e incluo meus entes queridos nesta oração.

(Diga o nome dos seus falecidos)

Nossa Senhora da Boa Morte, Protetora e Intercessora pelas Almas, rogai por Elas.

E Vós, Almas Santas e Benditas, ide perante Deus apresentar estas súplicas que faço hoje, neste momento da oração.

(Diga a sua intenção nesta oração)

Rogo-vos, Benditas Almas, que leveis até Deus a minha prece.

Dai-lhes, Senhor, o descanso eterno. Que a luz perpétua os ilumine. Descansem em paz.

Amém.

Padre,

Estive na TV Século 21, no louvor ao Senhor, no dia em que o tema da pregação foi "O poder da oração".

Estava muito desesperada, com uma depressão profunda, bem no fundo do poço. Já não sabia mais o que fazer, não tinha vontade de viver, nada para mim tinha sentido. Padre, exatamente naquele dia, estava completando nove anos que eu tinha perdido um filho.

Consegui chegar até o Senhor e pedir que rezasse por mim, pois não aguentava mais aquela situação, tomava remédio de tarja preta e sofria havia nove anos.

O senhor me deu uma bênção, chorei muito e senti algo muito forte.

Depois, o senhor comentou sobre uma pessoa que havia pedido oração, porque não conseguia entregar seu filho falecido para Deus. Era exatamente o que acontecia comigo.

Então, o senhor disse que passaria com o Santíssimo, e era para pedirmos a Jesus, com fé, que nos ajudasse a entregar o ente querido nos braços de Deus. Padre, foi o que fiz e a graça aconteceu: consegui entregar meu filho e estou completamente curada. Não tenho mais depressão e minha vida foi restaurada e transformada.

Agradeço a Jesus e também ao senhor, Padre.

Um grande abraço de sua filha espiritual,

Eleonora

(Limeira — SP)

MENSAGEM FINAL

Pense bem e responda: Após ler este livro, sua fé saiu fortalecida?

Se isso não ocorreu, pode ter havido alguma falha de minha parte no uso de palavras e argumentos, mas será que você, realmente, tem se deixado tocar pelas verdades de Jesus Cristo?

Não por acaso, o Papa Bento XVI, em seus documentos e catequese semanal, com tanta frequência encorajou a humanidade a uma sincera "busca da Verdade". Como sacerdote, tenho visitado e celebrado em diferentes estados do Brasil. Entre uma e outra partilha, é comum encontrar cristãos que até prestam serviços à comunidade local, mas dizem não concordar com alguns pontos da fé e trechos da Sagrada Escritura.

Sem dúvida, a Igreja é uma instituição da qual se cobra uma atualização (*Aggiornamento*). Porém, percebo nas pessoas grande superficialidade no que se refere ao conhecimento da Palavra de Deus e, consequentemente, à postura da Igreja. Ou seja, a informação não as levou a uma maturidade na fé. O próprio apóstolo

São Paulo diz: "Quando era criança, falava como criança, raciocinava como criança; quando cheguei a ser homem, deixei as coisas de criança agora inúteis" (1Cor 13,11-12).

De fato, no tocante à fé, muitos permanecem imaturos. A grande maioria cresceu em idade cronológica, mas na vida espiritual continua infantilizada. Uma fé infantil se percebe na busca do milagre e na preocupação em seguir os sacramentos do ponto de vista meramente social. O que era para ser um apoio temporário até conseguir andar com as próprias pernas transformou-se num obstáculo que impede a pessoa de ser livre para servir.

Existe um provérbio popular que diz: "Ninguém dá aquilo que não tem." *Nemo dat quod non habet*. Portanto, mesmo se tratando aqui de uma conclusão, lanço um questionamento: O que você tem de experiência de Deus, conhecimento de Jesus e comprometimento com a causa missionária para oferecer?

Não é de hoje que a Igreja, nos documentos oficiais e nas conferências, tem incentivado o papel dos fiéis como protagonistas na missão de evangelizar. Sem dúvida, trata-se de uma necessidade a ser atendida com urgência. Surpreendente e profético foi o chamado feito durante a Conferência de Aparecida, em 2007, para que estejamos em "estado permanente de missão". É essa atitude missionária que assume a causa da justiça, dignifica a pessoa humana e convence pelo testemunho de vida. Mas, para tanto, volto a insistir, faz-se necessário maior conhecimento sobre a Palavra de Deus.

A maturidade na fé é um desafio constante para todos nós e, ao mesmo tempo, a maior de todas as recompensas, pois nos leva a enxergar melhor o caminho a ser trilhado e a realidade a ser transformada. Não é Deus que tem de se enquadrar no meu viver, e sim o meu viver que deve ser transformado a partir da vontade de Deus. É o que rezamos no Pai-Nosso: "Seja feita a Tua vontade."

Não devemos temer as dúvidas, mas, antes, a falta de vontade de buscar as respostas certas. O pior ateísmo da história é o que vivemos hoje: o da indiferença. Enquanto antes se tentava matar Deus, hoje, simplesmente, Ele é ignorado. Pretendo comentar sobre isso mais a fundo em outro momento.

Concluo ressaltando que, em certos momentos da sua história, você terá de tomar decisões sobre sua vida ou referentes à vida dos outros. Quando isso ocorrer, lembre-se de que o caminho mais fácil, quase sempre, não é o mais certo.

Por isso, EVANGELIZAR É PRECISO.

LEITURAS RECOMENDADAS

Bíblia de Jerusalém. São Paulo: Paulus, 2002.

Catecismo da Igreja Católica: Edição Típica Vaticana. São Paulo: Edições Loyola, 1999.

Compêndio do Catecismo da Igreja Católica: *Libreria Editrice Vaticana*. São Paulo: Edições Loyola, 2005.

"Documento de Aparecida. V Conferência Geral do Episcopado do Latino-americano e do Caribe". *In:* Conselho Episcopal Latino-americano. São Paulo: Paulus; Paulinas e Edições CNBB, 2007.

"Documentos do Concílio Ecumênico Vaticano II". *In:* Concílio Ecumênico Vaticano II. São Paulo: Paulus, 1997.

Direção editorial
Daniele Cajueiro

Editor responsável
Hugo Langone

Edição de texto
Marco Polo Henriques

Produção editorial
Adriana Torres
Daniel Borges do Nascimento

Revisão
Jaciara Lima

Este livro foi impresso em 2016 para a Petra.
O papel do miolo é offset 63, e o da capa é cartão 250g/m²